在阅读中疗愈·在疗愈中成长

READING & HEALING & GROWING

成为
一束光

李巍 著

中国青年出版社

图书在版编目（CIP）数据

成为一束光 / 李巍著 . -- 北京：中国青年出版社，
2023.8（2025.5 重印）
ISBN 978-7-5153-6961-7

I.①成… II.①李… III.①李巍－自传 IV.
① K825.46

中国国家版本馆 CIP 数据核字 (2023) 第 067956 号

成为一束光

作　　者：李巍
选题策划：皮钧
责任编辑：吕娜
特约编辑：韩冬伊
出版发行：中国青年出版社
社　　址：北京市东城区东四十二条 21 号
网　　址：www.cyp.com.cn
经　　销：新华书店
印　　刷：山东新华印务有限公司
规　　格：787mm×1092mm　1/32
印　　张：7.375
字　　数：120 千字
版　　次：2023 年 8 月北京第 1 版
印　　次：2025 年 5 月山东第 5 次印刷
定　　价：69.00 元
如有印装质量问题，请凭购书发票与质检部联系调换。联系电话：010-57350337

被时代低估了的『天职女人』们

有些人注定与众不同，因为他们负有某种"天职"。一如荀子所言："不为而成，不求而得，夫是之谓天职"。李巍是一代"天职女人"们中的非凡代表。

中青总社之所以策划这样一本书，并且进行了"天职女人"系列构想，其目的不是为了突出某个具体人，而是为了展示一个时代的变迁。并不是每一个经历了重要时代的人，都能够说清楚曾经走过的路，告诉你哪里是坦途，哪里是泥沼，哪一步踩在了坚实的石头上，哪一步是惊险一跃。

改革开放以来的历史也是如此。

因为职业原因，看惯了企业家的纵横捭阖，但是，对于成功的女企业家，特别是作为一个成功企业家的妻子，一个成功地培养了下一代的杰出企业家接班人的母亲，我更受震撼的是关于"女主人"这个角色：一个华西医大毕业的高才生，嫁给了勤劳好学的农村青年，在共同创业时选择了退出自己的事业，回归家庭，培育后代，在孩子长大成人后，又开始了自己的创业远征——刘永好、李巍的女儿刘畅接班新希望后，让公司从百亿级规模增长为千亿级规模。

与李巍聊天带来很多全新的感受：一是全，她的思维和情感都是如此丰富，能够抓生活中的一切细节，而且每一件小事的背后都透着她的价值观与思考。经常会有在其他场景中不易见到的宝藏慢慢显现，就如同淘金者眼中的河流一样，闪着令人喜悦的微光。二是真，她对生活中的一点一滴都充满热爱，仿佛钻石的切割面一样，每一面都璀璨耀眼。她并不刻意突出什么，也不着意掩盖什么，这才让那些生活中不经意的本色展露出来，让我们看清构成非凡画卷的每一处细节。有些人会刻意做一些人设，这不足以支撑过往——李巍没有这种习气。更重要的是，李巍有一种非凡的叙事能力，能够把生活中的点点滴滴串起来，把一堆琐事穿成美好的生活项链，焕发出迷人的光彩。

但我感到，每个故事背后都有一种深沉的东西。正如她把奶奶的古书奇书翻完了，持守却深植岁月。那些侠骨苍生、酒剑江湖，从不斑驳。她讲一段故事，我讲几句感受，竟然成了我们第一次长聊的有趣模式。她的好友讲，第一次看到李巍讲这么多话。

伟大的行为是困难和罕见的，伟大且有说服力的话语也是困难和罕见的。经历了风风雨雨的人，把这份历史变成一种能量叙述出来，这是我期待李巍这本书的主要的出发点，期待人们能够从这些活生生的叙述中读出时代变迁的不易。

人们敬重李巍的一个很重要的原因是她保留了许多坚定的传统和优秀的生活方式。李巍的能量，来自她的情绪和态度，来自她的直觉、性情。我相信这是在风暴中坚韧不屈、目标明确的结果，没有面具，没有复杂和神秘，是曾经在阳光下战胜困难的人才有的那种状态。心理品格胜过一切技巧，信任、爱和坚韧有许多维度，这是女主人的基本功课。有事业心才能成为女主人，甚至我觉得曾被她支持过的花农给她的称谓更准确："花菩萨"。

"有情感温度的价值观"是女主人持守的中枢。家是一个系统工程，它的复杂程度超过很多历史久远的机构。许多人谈及工作，滔滔不绝，但谈及家庭，则一地鸡毛。

其实家是人生最大的后方，最重要的基地。选择一个好妻子，就是选了一个最重要的"女主人"。李巍身上是有些"天赋使命"的：心怀纯粹，豁达宽容，精神上是富有的。她的骨子里很要强，造就了永远不会因为外界纷纷扰扰而动摇。刘永好说她是透明的直肠子，因为坦荡，所以一眼能看透。家的秩序是女主人的智慧。一方面，消解情绪上的对抗与锋刃，保持家的圆融。另外，价值观里言传身教，家就有了筋骨。

◇

妈妈这个角色最忙碌而又最容易被忽视。中华民族几千年的文化传承，很重要的一条就是依赖妈妈。只不过在古代，人们仅仅从道德角度看待母亲的伟大，并没有看到这种付出对国家稳定、对社会发展所起的定盘星的作用。在现代化社会，我们在充分认可他们的伟大价值之外，还要留出充足的机会，让他们得以接触社会、提升自己、成就梦想。

改革开放以来，中国之所以取得这么大的成就，很重要的一条就是：这些毫不动摇的妻子、母亲，稳住了无数家庭，稳住了社会基石，稳住了文化根脉和人间真情。推进中国式现代化，更需要这样的支撑。在事业上，大家是围着男人转的，在家里，其实大家是围绕女主人转的：在这里，女人是山，男人是水。在李巍看来"只要女人守住像山一样稳固的后方，男人就会像流水一样，一次次出发，一次次归来。山水相依，不离不弃"。之所以说李巍的奉献是一份天职，她一直认为：为丈夫和孩子做事，对她而言总是快乐的。就像舒婷《致橡树》中的诗句：我们分担寒潮、风雷、霹雳；我们共享雾霭、流岚、虹霓。

女主人的底气，一是家，二是事业，三是奉献，四是终身学习。李巍谈及有一次分享会上，有人问她如何掌控一个成功的男人，她的回答可以说是最简单而又最难的答案：一是保证自己做一个好妻子和好母亲；二是自己要有足够的学习力和创造力。

李巍认为上天对她是极为眷顾的，仿佛有了念头就有机会。但实际上，要从她的内心深处来探寻源头。在选择什么样的女主人这个问题上，许多日常语境中的成功男人似乎都显糊涂。他们对于投资什么产业，十分精明，但该与什么样伴侣共度人生，往往含糊空白。

李巍是幸运的。她虽然错过了时空，但没有错过彩虹——她在人们公认的最好的创业年华选择了"退隐"家庭，经营后方，等到女儿长大才出来创业。

她认为创业是拉力赛，不是看你一次能跑多远，而是看你能持续多久。她一直认为第二代是再创业的过程。我在担任中国青年企业家协会党组书记期间，有很多机会接触第二代民营企业家。我对愿意接班特别是传统企业的二代愿意接班的孩子高看一眼……他们往往是亲身经历目睹了父辈白手起家的艰辛、汗水的痛苦，往往愿意去做金融、互联网甚至文化艺术这样的工作。李巍并没有简单地让孩子去做什么或不做什么，她是一个"行动派"。她对孩子的爱是具体的，是想办法成全孩子的能力，不断设计场景把孩子带到爱和成长的角色中，让他们真正体会到爱他人的快乐，让爱成为习惯，成为常态。发现与成全，需要一个训练有素的陪伴者，需要一个充满信任的陪伴者。

劳动是最质朴的家风。刘永好、李巍的女儿刘畅，作为有着强烈艺术爱好的女孩子，不仅挑起了家族企业的重担，更是把新希望做到了千亿规模。刘畅经常到养猪场调研，这种工作对她来说像衣食住行一样自然。李巍在谈及孩子的培养的时候，一语道破天机，她的女儿、儿子在小学的时候，都担任过"劳动委员"。李巍有一句名言："儿子就是拿来用的"。在培养孩子方面，同样适用于刘畅。她希望孩子从小就不要脱离劳动，要有主动帮助别人、替别人着想的心态。只有把劳动当成习惯的人，才有眼力见，勤快的人到哪里都受欢迎。中华民族是一个勤劳勇敢的民族，但热爱劳动这一点，今天似乎已经在很多人那里成了很低俗的东西。在这一点上，很多企业家都没有想明白。刘畅经常说："感谢我妈妈一直在成全我。"刘畅还有一个本领，能够清楚地把别人的喜好记在心上，而且对待员工从来不会厚此薄彼。

◇

人的气质里藏着你走过的路、见过的人，女人更是如此。李巍喜欢在旅行中与人交往，无论是梅耶·马斯克还是法国的老贵族，著名的芭蕾舞演员，怡和集团掌门人，她都能从他们的点点滴滴中发现其内在的神韵与自信，观察他们对待亲人朋友的态度，观察他们对待困难和挑战的状态。她们称李巍是内心很有能量的女人。

爱亦有行止，界限也是一种美。她总是小心翼翼地让聚光灯打在丈夫和孩子身上，偶尔的发言常常语惊四座，但长久以来，她更像是家的一个背景，真诚、沉默、谦让，却又举足轻重。她对待小外孙也是如此，陪伴他，但不会过多介入，尊重小家庭自己的生态。

今天的李巍，关注的并不止于女主人的小家，更是将心思放向了社会，把她的经历和经验实实在在地呈现在大家面前。

现在很多年轻人会问：我未来的另一半应该是什么样的？我想，李巍给了我们一个很好的答案。做一个"天职女人"，这应当成为现代化国家的重要内容。

皮钧

中国青年出版总社有限公司
党委书记、董事长

推荐序——

与光同行

　　我与李巍结为夫妻已四十多年，她身上长着自律、勤奋、好学、勇敢的根，就像我小时候在地里常见的芦苇秆，能够随风弯腰，却从不折断，当你觉得她已贴地的时候，她却又悄悄地立起来，悄悄生长出了一片自己的芦苇荡。

　　她能成为让许多朋友信赖和认可的独立女性，源自她爱学习的天性，这使她一直保持常青的成长状态；她身上开着纯真、智慧、爱的花，历经沧桑，依然盛开美好。

　　在家庭中，她数十年如一日地坚定支持，我才能专注在事业的发展上；在自己的事业上，她坚定投入、不辞奔波的努力付出，让我看到女性的坚韧和力量。从她身上，我切身感受到了一位智慧女性对家庭、对事业、对社会的价值，以及对自我和他人幸福的意义。

我期待这本源自生活、历经沉淀的书，能够给大家带来一束光！

新希望集团董事长

逐光

每当我和女儿单独相处的时候，我总会反问自己，有没有像自己的妈妈一样尽职尽责，甚至成为女儿的榜样。在我很小的时候，妈妈跟我拉钩钩，约定好我们要一起进步，成为彼此的骄傲。可能是这个约定被深深地印在心底，我总是在方方面面和妈妈对标。我很庆幸，能和自己的榜样朝夕相处，有机会深刻地理解柔软的女性，如何用爱和信念转换出那么坚强的心力，从而带给周围的人精神支持。

妈妈从小品学兼优，高考恢复第一年实现了自己的理想进入华西医大开始了自己的职业理想之路。如果没有婚姻的原因，现在应该是一位德高望重的医生。选择婚姻，她除了真实地接受自己内心的感受以外，她也认真地考虑这个人是否值得双向奔赴。

　　小时候，爸爸出差在外多，妈妈常常会谈到爸爸，说他不光爱动脑筋，还非常重视动手能力。这两点妈妈很看重，她说这样的男人不空想能成器。

　　婚后妈妈鼓励爸爸考大学，为了让他腾出时间精力来考试，她大着肚子每日给爸爸送饭，独自料理家务。因为她觉得新时代一定要重视知识的体系化建设。在我儿时的记忆里，妈妈于爸爸的角色，除了是生活的后盾，还是一个激励者，我们一家经常一起讨论问题，广告语怎么讲、如何克服技术问题，等等。

　　妈妈除了工作和照料我之外，还要照看阳台上那些做养殖实验的鹌鹑，她每天仔细观察不同配方对于鹌鹑长势的影响，用数据做记录，供爸爸参考。

　　面对每天叽叽喳喳的阳台，我实在谈不上喜欢，但每每闪过阳台的这个画面，心里总有一股暖流，笃定而踏实，仿佛自己身上的血脉也闪耀着母亲的品德。那时她是一个出色的医生，是一位身体力行支持丈夫的妻子，还立志成为一位伟大的母亲。

　　我的记忆里面，那时候的妈妈很累很憔悴，如今我也做了妈妈，才理解一个母亲想要做到生活和事业平衡本就很难了，更何况还要支持丈夫的事业，给他稳定的后方，坚定的支持。有时候我去翻老照片，这些照片印证了我的记忆。那时候的妈妈比现在看起来都要"老"，我很清楚地记得我曾经心里跟自己说，希望妈妈不要这么累，哪怕少照顾我一些，我也希望妈妈永远都是美丽的、轻松的。

后来果然面临了选择，妈妈实在没办法兼顾这么多角色。在成全自己的理想和成全家庭的共同成就之间，妈妈选择了后者。她放弃了从小就立下的从医的志愿。

至今想到妈妈，我依然在深夜落泪，感慨母亲的不易，感恩母亲的馈赠。母亲用"成为一束光"做书名，这束光照过我，我觉得这束光里有舍得，舍得把自己的时间给予他人，舍得成全他人并乐在其中。当照到我身上时，那时的我就成了"别人家的孩子"。

长大些，远渡重洋学习，离开了母亲。那时候父亲事业已有成就，我潜意识里期盼她可以放松一下，后来才知道自己浅薄了，母亲还是那位母亲：她要创业！并且她是从应聘当时最"高端"的旅游和商务酒店开始。她很享受这个过程，现在想起妈妈经常带着一大群学生来家里学习广东话、抢答服务指标的场景，依然能感受到她创业时的激情！后来机缘巧合，有一间印刷厂要出让。妈妈向爸爸借了200多万开始了真正的企业家旅程。这段经历对她积累企业全方位运作有很大帮助，如何对最后的盈亏真正负起责任，如何和不同背景的伙伴建立持续的信任，如何为企业找到发展的目标。功夫不负有心人，这些事情被她完完整整地经历了，同时也将她变成了一个优秀的企业家。

我也常问自己，是什么在驱动八年没有全职工作的母亲在四十多岁时依然充满创业的激情？是什么让她那么有自信可以从零做起？我想，是母亲成为自己的那束光里，满是女性的自立自强！日复一日，这束光也就照到了我的身上。我深深地相信：自信、自立、自强的女性最美！

再之后，我就成了妈妈，母亲就成了奶奶。母亲事业有成，儿孙环绕，但这次我却不敢想她会不会停一停，潜意识里更期待她会折腾点什么了。果然，她开始热衷于慈善，后来，我知道她想成全的不只是身边的人。

善良是一种选择，更需要智慧和能力。在做公益活动这件事上面，妈妈很有心得。

她用自己的钱在天津东丽区为进城务工子女建了十所街区幼儿园，让那些身在乡村的孩子得以回到父母身边，在得到父母爱的同时，得到城市好的教育。妈妈说，有感于留守儿童需要更多的资源和栽培，公共教育资源需要解决的是普遍性，那么民间公益可以更有针对性，以作为补充。

我记得，开始的前面二三年，每年的六一儿童节我还和妈妈一起去天津陪孩子们过节呢。

孩子们喊我"大姐姐，大姐姐"的可爱样子，可暖心了！

妈妈几十年来还做了一件事。她一直默默扶持了很多单亲妈妈的儿女就学，她教妈妈们这样告诉孩子，新希望集团有个"优秀儿童奖学金"，你是被选中的好孩子。于是，就名正言顺地每个月把款打到孩子卡上，为大人和孩子都找到了被接纳的理由，妈妈真是太用心太体贴了，让受者有尊严！像这样的孩子，有好几个已经大学或研究生毕业多年，他们也学会了向社会回馈。

后来，母亲说她找到了接下来要做的事情：传播"爱的教育"。

那是十几年前，她和几位创始人一起创立了上海浦东爱心树公益组织，她是第一任理事长和创会会长。这个组织的目的是教孩子理解生命的珍贵，拥有爱的力量。十多年来，她们编写了国内第一套生命教育教材，也让许多全职妈妈找到了成长和发挥社会价值的家园，更让许多孩子体会到了爱的力量！如此，母亲想要成全更多人的梦想，就有了志同道合的接班人。

爱得起不仅仅是拿得出决心的勇气，更是长期信念支持下踏踏实实的无私付出。妈妈看人注重发现人的底层驱动，做事很讲究方法。妈妈有很多朋友，严格来说是粉丝，她有个外号叫"人间清醒"，经常有年轻妈妈和创业者找她"支招"，她看问题一针见血，真心需要帮助的她也直言不讳。一个真，一个直，让她的朋友遍天下！从"50后"到"00后"，她走到哪里都成为一束光，

日复一日，这束光又照到了我身上，我想，这束光里，有爱的力量！"拉钩钩，拉钩钩，约定好我们要一起进步，成为彼此的骄傲哦"。儿时母亲和我的对话，穿过悠远的岁月，那么清晰地回响在幽静的胡同里，明亮的房间里，匆忙的脚步里……

感谢母亲，让我拥有了一束可以传承的光。感谢母亲，把光分享给更多人！

刘畅

新希望六和董事长
新希望集团董事
新希望投资集团董事长

目　录

底色 序言

　　黑土地的春天，迸发出蓬勃的生机。小草芽冒了头，平原上笼罩着一层水汽，天际是大块的蓝白。一条河途经小镇，河流中有三处泉眼。小伙伴们放了学，就挤坐在河滩上看泉眼，汩汩如斯，旋尽日夜。

　　每隔一周，奶奶都带我去娘娘庙，一老一小，虔诚又敬畏，穿过春野，穿过蔚然岁月。

　　许多年来，这样的情境何止入梦，它凝然伫立在心底，固执且永恒。

　　儿时记忆从不需要特地想起，一个小镇、一条大河、一片黑土地、一座娘娘庙，似乎已暗自凝聚了一生的能量。

　　我爱自然，爱山河天地。大自然强劲又温柔。它势不可当，无从谈胜败，只有规律与和谐。它又妙不可言，每一片叶子、每一朵云彩都让人感动。就像河沙饰贝的花纹，各具天工，画家都无从想象和临摹，是造物的恩赐。

一次旅行，同伴们的大部队一径前行，我却独自落在原地。一株仙人掌让我感动，在石头缝和盐碱滩上开出灿灿的花，旺盛得让人心生敬畏。造物的神妙，那些宏伟与苍茫，把所有的喜忧都融化了，只令人觉得自己如此渺小。

故乡，从不只是一个地理上的经纬度。它关乎冥冥中的性情、直觉乃至命运。

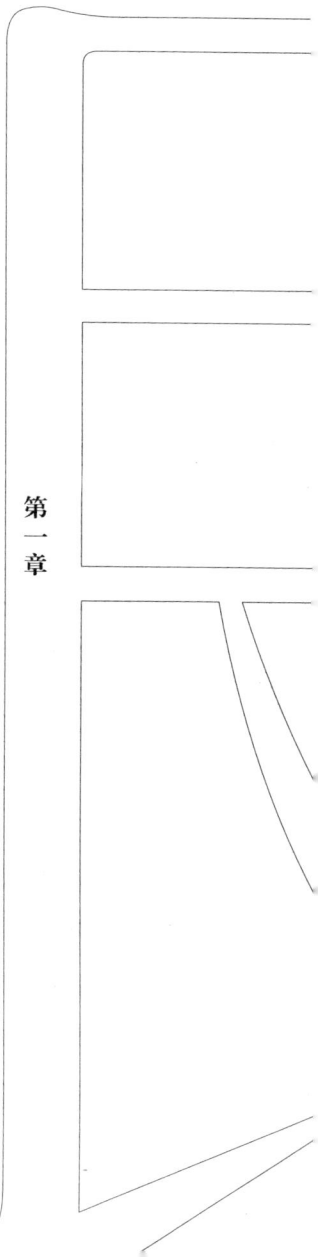

第一章

根，守家 VS 守业

这本书，也写给奶奶和姑妈

对于我，故乡的一半是风与泉，另一半则尽是奶奶。

我从出生就在奶奶和姑妈身边长大，事实上，奶奶几乎扮演了我人生中母亲的角色。她教我敬畏、公正、悲悯，传递了言传身教的人格教育。

奶奶教我英雄主义，侠之大者为家国，做个侠女。

奶奶不识字，裹小脚，自称李于氏，她没有自己的名字，但在十里八村中声誉和威望颇高，她是故事里穆桂英式的人物，公正、讲义气。姑妈是银行行长，小镇上唯一一个全国劳模，印象里她总是四处巡讲，也一样公正不阿。姑妈年纪轻轻做了银行的行长，家里一度门庭若市，都是想贷款的人。奶奶站在门口，像佘太君，把送礼的来客一概拒之门外。奶奶和姑妈一生正气凛然，有感恩之心，但从不求回报，不占别人一分钱便宜，也绝不亏待人。她们言传身教，做英雄、有侠气，长大后，我也成了另一个"穆桂英"，讲义气、一腔热血、热心社会公益。

我常常想，我们一家三代的女人，竟是三代"侠女"，像是一种传承。

我从出生就留在了奶奶身边。奶奶给了我最饱满的爱，在尚且困乏的年岁里，用生命守护生命。

东北的冬天很冷，奶奶每天都起得很早，生上火给我做早餐，待屋里热乎了才叫我起床。我每天都带着欢喜，蹦蹦跳跳去上学。

在粮食最紧张的年代，每家人都吃不饱饭。爷爷、奶奶、姑妈总是把最好吃的留给我。平时家里都吃高粱面，过年的时候会有一两斤白面供应。香喷喷的饺子上桌，一家人高兴地吃着、笑着。奶奶总是稍微吃上几个就放下筷子了，我着急地往她嘴里夹。我明白那是奶奶特意要省下留给我多吃一顿的。

有一年，别人家杀猪，我们家买了一个猪头。我正在院子里跟小朋友们追着玩，满院子疯跑，奶奶倒端着一碗煮熟的猪身上最好吃的腮帮肉追上我，趁热喂到我嘴里。直到我吃完才走。她迈着三寸金莲的小脚离去的背影，一直驻在了我永恒的记忆里。

她的爱让我懂得了爱和被爱的快乐和幸福！

从儿童到少时，我每天傍晚给奶奶念古书，晚上与奶奶同睡在炕上。温暖斑驳的记忆里，我得到足够的爱，还有足够的勇气。

原来，老天在冥冥之中已有安排，奶奶教给我的境界、胸怀、英雄式的格局乃至故乡的天地风泉，共同造就了我、磨炼了我，后来我成为一个舍得付出又"给得起"的人，奶奶和童年就是那个不可磨灭的起点。

一生的故事有那么多枝蔓，叶脉却归于一处。我不必回头，那些人、那些爱永远站在我身后，站在命运与抉择身后，葳蕤生长。

侠女底色与本真

我的价值观正是根植于儿时所受的教育。

满架古书演义是我的启蒙。夏凉时分的院子里，一桩桩尘封的传奇，妙肖得让人心醉——杨家将、岳家将、薛家将、穆桂英……讲的都是忠良义士，是功名尘土、万里家国。

奶奶对古书上的故事倒背如流，却总让我读来听。内页都是竖版繁体，还有许多字不太认得，于是我读一半，她讲另一半。天短了又长，古书翻了许多次，两个人好像总也听不够。对了，奶奶并不识字，却对每个情节熟稔于心，想来应该是记忆力过人。

奶奶给我的影响何止于忠良故事，她向来身体力行，春风化雨。她是受人敬重的老太太，十里八村都很闻名。她正直、乐善好施，不贪别人的一分钱，也不要什么回报。

那时候我的姑妈，因为主管农村信贷的业务，家中总是来客络绎。小农小户倒也没什么贵重的礼物，左右不过自家产的鸡蛋菜蔬，一样东西也进不了我家的门。只一次例外，一个媳妇背着孩子上门，就想送两把青菜。奶奶心里不忍，当日里收下来，转天又给小孩做了一双漂亮的鞋子回礼送去。

自立要强，不计较，不贪别人一分一厘，是奶奶一生的理念，她自己更是以身作则的，也这样教育身边的孩子们。从小到大，我从不主动找别人要一分钱，只花自己的钱。自己一时拮据了，就宁愿空乏。姑妈文化水平不算高，一生要强肯干，后来还成了"全国劳模"，曾到各地巡讲。而我，是受到她人格熏陶的唯一一个孙辈，一样的个性，一样的心气，一样的根深蒂固的要强。

奶奶和姑妈有一种古典的风骨，大概是古中国式的义理。它沁入我的心神和骨髓，一辈子也难改。我不太在乎钱，比如后来放弃工资和职务去读大学，是看重未来，这才是最真实的东西；比如这些年创业，我并不为了挣钱，是想要做自己的事业，不依靠别人，这是奶奶教给我的。

对于家庭，我的观念也有奶奶的影子。豪杰人物的故事念得太熟，就把责任放在首位，至于自己，往往退居最后。我自小就有一种强烈的使命感。帮助先生开疆立业是使命，我情愿如此；而如今家庭乃至家族就像一株大树，让它生机葳蕤也是我的使命。

有人说在家庭和事业之间，女主人总需要如履薄冰。我没有做所谓"家庭与事业"的平衡。从集团退出相夫教子，是我作为母亲和妻子的责任；第一时间告别家庭主妇的身份，冲出来独自创业，是源于个性深处的使命感。在内心的深处，我明白自己始终是要做事业的。

从小成绩优异，工作中也扶摇直上，我的一切都走得很顺。记得刚刚参加工作的时候，连续四年多，我也没考虑过恋爱生子，亲友们问起来，我说要先立业再成家——志存高远，又似乎不像女孩子的口气。

在内心深处，我向来觉得自己"并不普通"。远方总在那里，攀登是下意识的渴望，正像书里的仁人志士。无关自己所拥有的，奋斗本身让我快乐。这也许可以叫作理想，又或许是一种天生的禀赋。

后来，奶奶的古书传奇翻完了，持守却深植岁月。醒木陈腐了，那些侠骨苍生、酒剑江湖，却从不斑驳。

飒沓如风的侠女，成了我一生的底色。

善良、爱学习、利他

好心眼，带来好运气

爱不是一个单薄的字眼，它的来龙去脉清澈又深刻。

奶奶的价值观是根基，扎根后，风雨未曾撼动。

后来长大，读书和工作的许多年里，我频频崭露头角，大多时候几近一枝独秀，我也一路收获关爱和热忱，在生活的些许苦涩里，每每点石成金。如今回首时，想起那些年的势如破竹，遇到的善人善事，那些年水到渠成的如愿以偿，其实也早已埋下答案。

善良、爱学习、利他。只此三点，朴素得近乎枯燥的三点。人们常常说"本性难移"，我常想，这三点就是我人生的质地，当然，也是爱的质地。

16岁时我离开爷爷奶奶的家，回到父母身边，家里弟妹几个，又很陌生。饭桌上弟妹嬉笑吵嚷，我挤在中间，像一只不安的小兽。饭菜也不敢多夹，筷子探到碟沿，心里便忐忑不安。

我开始想念，无处可诉地想念，想念爷爷奶奶，想念小伙伴们，想家。对于十几岁的我，那段日子是闯不过的孤单岁月。陌生的城市、陌生的方言、陌生的父母和弟妹，我惶惶然，几近失措。

在如履薄冰的寂寞里，我遇到医学上的启蒙老师。说起来，做一名医生，是我年轻时的祈愿。

最初的缘分是在东北邻居家炕上的一本医书，硬壳的，叫《针灸大成》。那时候书很少，爷爷奶奶家的古书又已翻遍，这本新读物让我一下子如获至宝。

从早晨看到傍晚，趴在邻居家炕上翻完整本书，胸口压得生疼，出门回家，夜幕降临。书里的"一脉一经"仍萦绕咫尺，太阳、地仓、涌泉……像武侠小说里头的名字，和家里的古书故事暗暗互参，是奇趣中的亲切。如今想起来，一个懵懂孩子怎么对针灸经脉如此着迷？大概这就是我与医学的缘分。

回到成都后，有一天陪母亲去针灸。一大早，针灸诊室开了门，几十个人争先恐后地向前拥，八张病床瞬间躺满。门外更是摩肩接踵。听说针灸医生因摔坏腿休养了一个月，这是上班第一天。她先给每个人扎上针。然后又一个个烤艾灸条。医生的脸色显出吃力，我看着感动和心疼。

"我帮你烤吧。"我主动搭话。"你可以吗？"医生有点迟疑。"我刚才看了，是不是注意不要让艾灸的灰掉到病人身上，随时刮掉灰屑就可以？"一天忙碌下来，医生几乎筋疲力尽，转眼天已暗。寒暄几句，我脱口又应："明天我再来帮你。"

两天、三天……小小的诊室像一颗温暖的磁石，我几乎身不由己。到了第五天傍晚，医生与我寒暄话别："小李，你明天还来吗？"她的语气里竟添了许多期待，我简直喜不自胜。我喜欢医生，醉心于这间诊室，既乐意竭力帮忙，又渴望学习更多东西。相处数日，我知道，她也欣赏我这个懵懂善良的聪明助手。那时代，对于学习，大多数孩子是很不以为意的。在医生的印象里，爱学习的年轻人也实在罕见，我上进，她如获至宝。

一个周六，医生说想去我家，见一下我母亲。我满头雾水，只是想不明白。去我家干吗呢？

"医生又是高级知识分子，饮食上一向细致……我家是北方粗粝做派，又没有什么待客的食物……还有……也不知道母亲欢不欢迎我带客人回家……"左思右想，心乱如麻，不觉到了家门口。心里还忐忑，生怕招待不周。不想，只一两分钟，她和母亲就推门出来。两个大人一同望向我，母亲先开了口："医生想让你当她的徒弟。"

我大吃一惊。医生是针灸圣手，我早听说她终生不收徒——她看不惯当时年青一代对学习弃如敝履的态度，再加上自己"文革"时期的沉浮，这时听医生对妈妈说："我也是第一次被一个孩子打动。"

"我可以吗？"我怯怯地问。我还在诧异中，"太可以了！"医生即应。"那我可以。"我忙不迭点头。

心气颇高的针灸医生竟收了徒。消息传开，整家医院都很震惊。

人们对我都很热情，每每午休，从年轻职工到锅炉房的老工人，总有热情的同事特意来针灸门诊——"小李，给我扎扎""小李，扎足三里"——是让我多实践。我何德何能，得到这么多人的爱，我又有什么理由不去好好学习，好好报答别人对我的爱和信任呢？就这样，门诊添了我这个新徒弟，早出晚归，勤勤恳恳，只是不拿一分工资。

那时候专业书籍匮乏，一次，医院发了本关于针灸知识的小册子，正式职工人手一本，没有我的。还来不及沮丧，医院锅炉房的老大爷急匆匆来科室，把册子塞进我的手中："小李，这本给你，我拿着没用。"已是下班时间，册子拿到手，我顾不上回家，先细读一遍。第二天上班前，我趁着晨光再读一遍，便可通章默背。

对于学习，我那时孜孜不倦，也乐此不疲。也许在心底，我将其视作一种慰藉，或者说是拯救。

老师是我的一扇窗，原来世界也可以是流光溢彩的。她是老知识分子，气质好，长得又很美。每到周日，她常去她的大学同学家聚会，也总带上我。那是另一方温文如琢的世界。几个老友煮上两样拿手菜，轮流做东互访，印象里也有华西医大的曹院长。饭毕大家总一起合影，再去逛逛公园，兴尽而归。

　　老师和她的密友们待我很亲，他们都很喜欢我，视我为这个大家庭里的一个孩子。有时候轮到老师做东，我便忙着帮她打扫屋子，那真是最快乐的日子。温暖之外，还有美。印象里他们的菜肴都很讲究，一碟一盏，说不尽的美好。还有那些合影，似乎是关于美的小小仪式。当年，许多中国家庭还困于温饱，照相机尚且罕见。对我来说，更是眼花缭乱的异彩。许多年后，我再回看那时的照片，惊觉那些光影、那些身姿今天仍不过时。潜移默化中，那些知识分子的言谈举止浸润着十六岁的我，关于审美、关于生活方式，内心有了另一种思考。

　　总之，学医的心愿却在生根发芽。"你当医生最合适，"老师总这样对我说，"医生就是可以一辈子为别人做好事，得到别人的祝福，人们也会感激你，你的一生都会很快乐。"我记住了这句话，至今回想起来仍然感动于心。

　　萍水相逢，知遇如此。那成了我一生的兰亭。

　　正是那段时光，是老师将那个孤独无措留守儿童的心从荒芜中救起。

好心好运，天遂人愿

　　后来，我正式参加工作，在一个国营军工厂，被分配到卫生科。

政工组来卫生科开会。工厂的卫生科也是个大科室，中医、西医、检验科医生、护士，济济一堂。

事实上，我们这座军工厂是新筹建的，工厂人员都是从各地抽调的精锐，有吉林工大的党委书记，从省委五七干校来的专家，以及原洛阳拖拉机厂厂长，还有老红军……需要抽调一名医护人员到外地值守。这天的会议正是政工组在卫生科的动员会。

会议开了一整个下午，卫生科的所有人都默不作声。离厂区太远，一来偏僻，来回骑车实在辛苦；二来若遇上急诊，怕是夜班也要留守。一再动员，众人面面相觑，会场尴尬得很。政工组负责人无可奈何，眼见急得大汗淋漓，不知怎的，我竟自告奋勇："你们觉得我可以吗？"政工组的人连连应声，说马上回去汇报——他如释重负。次日，批示结果传下来，领导小组同意了。

说起来，这件事似乎神奇。那时候，我刚刚来到卫生科三个月，而这样一个新手人选居然被批准，大概也因为实在迫不得已。

次日，我被找去谈话。政工组的干部说，在那边医务室会很辛苦，初步诊断后，病人可以去当地县医院诊治，再回医务室打针，需要人长时间值班。我说，吃苦不成问题，以前还学过针灸，希望能学有所用。

那天谈话，我听说领导小组会议上有这样一句话：我们真得培养自己的接班人。不过那时懵懂，也未做他想。事实上，我一贯的古道热肠带来许多好运——那是后来的谜底了。总之，过了一日，我便独自上任了。

那个医务室不大，晚上常常停电。独自留守的日夜，我总是敞了门，搬个凳子靠在门口看专业书。夜里看起书来总是忘掉时间，晨夕更迭，书页络绎。时有病人从当地县医院拿针剂回来，我便起身帮人注射。自学过一阵子，每有病人上门，我总会和他们聊聊症状，再要过来在县医院的诊断书细读。医院开的处方我也尽数抄到自己的笔记本上，到了晚上回去翻书，一一对照，一一摸索。

这当然不属于此处医务室的职责范畴，只是在那样的条件和环境里，我对自己的要求仍然是严格的，也许是下意识的自勉。

不久，我试着为来医务室的病人初诊。什么病症，该用什么药，自己先写个诊断，然后亲自陪病人去县医院。一则的确是热情关切，二则想请教县医院的医生，我的诊断准确率几何。日子久了，看病的同事们都说医务室的小姑娘热情，每个病人都陪送到县医院，尽心尽责。

日子一天一天过去，很快数月。我早已习惯来往于医务室与当地县医院之间，忙着自学进益。不想，时间没过多久，转机再至。

一天，我又送病人去县医院。县医院的医生已经与我熟识，一碰面，他便悄声示我："小李子，你有个好机会来了。""什么机会？"我问。医生告诉我，县医院要招收一个医师班，直接培养医生人才，系统学两年课程，毕业后就是初级医生。"可和我有啥关系？"我仍茫然。"你也可以来读啊，机会难得，回去说一下，以你们工厂的名义送你来培训，你这孩子……"医生依旧坚持。

从医院出来，我心里直打鼓。怎么可能呢……刚参加工作才一年不到，我可不好意思申请，再说，该怎么开口，又向谁开口呢……学费要申请两千块，更让人咋舌。一时觉得无望，一时又想起医生的话，他说小姑娘怎么这么死板，没去试试怎么知道。整个晚上辗转思量，我还是自我否定，自觉其中困难重重，决意一个字都不说。

次日，我正好送同事去县医院，一路忐忑难安。竟有这样误撞的机缘，但到底要不要开口……一路上心神不宁，我最终还是默不作声。

到了医院，还是那位熟悉的医生当值。谁知看完了病，医生忽然开了口："你们厂医务室的这个孩子把每个病人都亲自送过来，又热情，又爱学习，我都觉得少见，怎么不把她送来培训呢？"

同事茫然："什么培训？"医生说："我们这里办的医师班，培养医生的。"只听同事立即答说："可以啊，你再详细说说，回去我就向领导报告。"

第二天，人事科派人带了两千块的支票交到医院。还代表工厂领导叮嘱我一定好好学习。

好心好运，天遂人愿。我高兴得不得了，简直难以置信。

所有的难题都只有用爱和真诚来解决

我带着感恩来到县医院学习。

我与工厂里大多数工人并不熟识。但厂里谈起我这个进修医生，说我热情、爱帮助人，又说大家若去医院就直接找我。口耳相传，加上有求必应，我俨然成了工厂的"驻县医院办事处"。

我依然尽数倾囊。糖票、医师班宿舍的小煮锅，乃至代办住院手续……我都一并包揽，且全出于真心。能来医院里学习进修，机缘顺遂，我打心底感激工厂，也感激工厂里的每一个人。每每有人从厂里来医院找我，我便觉得又是一次回报的机会，怎能推诿，怎敢敷衍。我将他们中的每个人都看作亲人。

很快，进修期满，我回到岗位。

阔别两年，大家待我更亲切，我更笃定一展所长。正当此时，一个消息传来。工厂将成立团委，刚刚进修归队的我被提名做团委副书记，听闻此讯，我一头雾水，坚决不敢接此重任。我们可是以学工为主体的新工厂。年轻人就近一千人。

不久，厂里的党委书记就这件事找我谈话。"在进修班时我才入了团，对团委的工作还不太了解……不知道怎么当好负责人。"我急着率先陈明。"你一定行。"书记不容我反驳。就这样，初出茅庐的我做了工厂的团委副书记。

上了任，我决心做点实事，此前两年，我虽在外进修，也早听说了卫生科的"美名"——医生、护士，天天吵架，每隔一两个月，政工组就要为卫生科专门开设学习班，解决团结问题。屡屡调停，却收效甚微，卫生科没有主心骨，几个负责人也各自为政，成了政工组眼中的"老大难"。

在卫生科，医生大多是高级工程师的家属，护士大多是政工干部的妻子。人人自视颇高，医护之间自然不买账。

在卫生科，我年纪最小，学历也最浅。如今做了团委负责人，无形中的代科长。我想让大家团结起来。

我深信世界上所有的难题都只有用爱和真诚来解决！

我尊重每个医生，虚心请教，我去找每个医生谈话，动员他们为大家讲专业课，李医生来讲外科、王医生来讲内科，还有儿科、化验科，再细化到具体专业话题……每周一堂课，每人轮流讲，各尽所长，这样也能提高集体的业务水平。

当我找到化验师时，她拉着我的手，眼含泪花，激动地说，这么多年了，她一个复旦毕业的高才生每天就化验三大常规。连她学的万分之一都用不到，第一次有人让她讲课。她眼里充满了被认可的感动！

用出人意料的方法，给出了奇妙的答案。医生们重新振作，卫生科的氛围也轻快了许多。

隔三岔五，我主动组织些义务劳动，发动积极分子都来帮忙。活动一结束，我很快写好稿子，去厂里的广播站播出，好人好事天天有，护士们参加得尤其积极。广播站也是由团委负责，稿件匮乏，作者稀缺，我只得独自张罗，故事落笔，大多是生动的身边人与身边事。时间久了，上下班的间隙，同事们都习惯了广播里的讯息。事中人备感勉励，闻者也入迷，还有人说，广播站是"山上的一道风景"。

一个初出茅庐的小姑娘，居然举重若轻，一斩卫生科数年棘手的"顽疾"。工厂的领导们也觉得意外，"小小的一个人，真有点本事"。

除了卫生科的"顽疾"之外，当时的另一个难题在汽车班，且是突发事件。

已经记不清缘由，总之当时有些矛盾，汽车班全体罢工。因军工厂的特殊性，厂区设在山里，当地叫五里山，一应供给出入全要倚仗汽车班。连续三天了，没有一辆汽车发动，山上的日常供给也被迫中断。

领导干部们焦头烂额，却束手无策。

事情胶着，山上的群众也叫苦不迭，我也为此忧心。

事发第三天晚上，汽车班有位年轻司机来卫生科看病，那天正是我值夜班，瞥见他在一旁站着等，我灵机一动。

此刻就诊的是一个腹痛的孩子，正号啕大哭。我仔细检查了小孩的腹部，是柔软的。应该没有太大问题，我松了一口气，不是急症。不过，转念一想山上的供给情形，我匆匆开了口。

我上前一步说："彭师傅，我担心是阑尾炎，如果是阑尾炎，不能拖，这得送医院。能不能请你帮个忙？马上送医院。"司机很犹豫，支吾其词。"就算我私下求你帮个忙，有什么问题我承担。"我知道，他自己破例出了车，违背"哥们义气"不说，在汽车班里怕也会成为众矢之的。

孩子还在哭闹，年轻的司机终于一咬牙："行，算我悄悄帮忙跑一趟。"当晚，孩子连夜送医。

隔天一早，汽车班就炸了锅。其实汽车一响，众人皆知，怎么可能暗度陈仓。而我既然承诺了年轻司机，这件事由我负责到底，当然不能食言。

我早想好对策。一大早，广播室播了一则好人好事。是昨晚的事，故事主角是年轻司机，我是执笔人和播音员。"眼见有急腹症病人就诊，需要立即送医。小彭热心救人，将个人义气置于其次。宁愿被误解，也要帮助别人，这样的高尚品德是我们所钦佩的。"稿子的最后，我这样说。

故事一播出，众人对小彭赞誉有加。汽车班也当天复工，两个令领导小组叫苦的难题，我解决得游刃有余。

善意、利他、不问回报。急公好义，也成人之美，许多问题迎刃而解。这是职业生涯回馈给我的第一条经验，事实上更是我的人格底色。

后来我回溯大半生的经历，恍然发觉，成功并不全部归于努力，善意在其中竟占去大半。正是因此，更多的路才向我坦然敞开。

路口纷纭，我始终提着爱的灯盏。

我的那一盏灯一直在亮着

一转眼，参加工作已经有四年。在这四年，我自学完成了成都卫校的全套课程。每天晚上，当其他年轻人谈恋爱的时候，卫生科年轻人居住的楼房里，只有我的那一盏灯一直在亮着，被同事们说过着修女式的生活。正是这段时间的学习，为我去华西医大奠定了良好的专业基础。

长久以来，我仍旧热心帮助他人。心怀善意，他人也报以甘露。人生的下一个路口，正是在这一年豁然显现。不过，对此我还一无所知。

五一节前的周末，我组织团委活动，一群年轻人去爬峨眉山。五一连上五四，接续有两个假期，大家都很高兴，气氛也热烈。

大家汗流浃背，队伍在山路上散成一线。我走在队伍的最前面，万年寺已在目之所及处了。那是峨眉山里最有名的古刹，爬山路上一处开阔的亭台。队列中有个女孩子远远叫我："李巍，前面就到万年寺了，你知不知道怎么拜佛？"脚下崎岖，我也没回头，只高声答她："不—知—道—"

回声在山间撞了撞，起伏跌宕而去。话音刚落，我抬头四望，也许读者们难以置信，眼前天幕右角浮现出一本书的轮廓，那封面很熟悉，正是我最近正在自学的华西医大教材，我内心一惊，同时脑海里冒出来一个想法："我要是能去华西医大学习就好了！"一时我有点恍惚，但也并未在意，也许是最近太累了吧。

去华西医大读书，是我的一个梦。但这样的机遇似乎也太遥远了，我没为此打探过，更不懂求佛问道。它似乎只是一个念头，一个无声的祈愿，固执、美妙又遥不可及。

非常不可想象的是，就在我们爬完山，回到工厂时，听到了一个令人振奋的消息，我们工厂今年有一个去华西大的名额！太不可思议了。

我既爱学习，工作的几年，又是年轻人中的活跃分子，情书不知收了多少。但我目标坚定，一心学习上进，对谈情说爱一律关门，读书一直是我的梦想。

每天晚上，我都留在卫生科苦读。先是用两年自学完成卫校的全套课程，然后找来华西医大的教材专心钻研，学而不厌。一来，我将要入党，因为当时的单位要发展党员，领导已经找我谈过话，我是第一个发展的对象；二来，按照当时的规定，读大学要满五年才可以带工资，而我的年资恰巧只有四年半。我平日便不宽裕，又不向父母要一分钱，如果没了工资补贴怕更是囊空如洗。

关于工资、前程、竞争，后顾之忧或许有，但我本就不怕赤手空拳。做一名医生，是我人生最美妙的梦想，从启蒙老师的针灸诊室开始，从冷板凳上的许多个苦读的夜晚开始，哪怕是要为此放弃所有。

记得那时在医师班进修，我有很厚的一本日记。日记里，我笔迹清晰——"我想当一个救死扶伤白求恩似的医生"——写给自己，写给未来，而此刻就是那个未来。

投票是在一个下午，一人一票，各科室背靠背举手表决。那天我还在值班，且是人选之一，于是并没有到场。

结果当场揭晓，我的得票率超过了99%。这绝非易事，在当时竞争激烈的环境下，更如天方夜谭。

善意其实很容易被辨认

利他，于我而言几乎是一种本能，这当然不是所谓的

"捷径"，却常常是最有效率的一条路。或者说利他是志向，听起来虽然宏远，其实却最具卓识。如果要与今天的年轻人聊一聊成功和成就，利他就是我经验中的第一条。

说起来，许多热心事，我其实从未刻意行之，却成了最热心的人。每天广播、说不尽的好人好事、组织不完的义务活动……当时我们周边也有知青下乡，许多是本厂子弟。每每团委组织活动，我发出去的邀请信也有他们的一份。活动上碰面，知青们都很感激我，还有人感动得掉眼泪，有些人后来与我成了好朋友。现在想想，在他们曾经荒寂的生活里，有机会被记起，本就是一件罕事。更别提能回到工厂和父母小聚。举手之劳，让人记挂至今。

善是我的本心。如果说成功有秘诀，那么善和利他则是我的秘诀。为每一个人着想，众人自然簇拥，水到渠成。

世事从不是一时一事，时移事变最是平常。而成功也不在一时，就像炒股。在一个很长的生命周期里，有善、有理，"舍得给"又"给得起"，才带来运气与幸福——予人的幸福，更是予己的幸福。

善根、善念也成了自己的力量。无须计较，更无须争抢。我笃信自己永远有获得与重获的能力。

有人说，我一生的各个阶段都走得很顺，处处势如破竹。别人为难的事，我却能四两拨千斤，也总是被无理由地信任。我想，这就是每个人的气场。每一个人都是一个蓄势的能量场，善意其实很容易被辨认，于是那些真诚、感动都水到渠成。

许多机缘关乎人的本质，你的底色、人格，也许还有直觉。一如小时候，奶奶以英雄传奇教我做个"侠女"，后来我果然古道热肠、急公好义。

我站在自己的底色里，去进益、去热爱、去追寻，乃至让步与退守。至于人们津津乐道的后来的故事，如何与丈夫共同创业、如何退回家庭、如何再独自创业，一切于我而言只是锦上添花，从十六岁的那个"小侠女"开始，我仍是我，我只是我。

世人境遇各异，但我想人们可共情、可借鉴的力量却正在这里。当我们面临每一个选择，每一种进退，总有个问题凿凿如斯：你的本色、你的潜念是什么？或者说，你是什么样的你？

许多年以后，首次做分享演讲，我脑海中浮起一个题目。那时的我还深居简出，在公共视野中寂然无名。那个题目是，"好心眼，带来好运气"。

总之，因缘互文，故事宛如奇遇天成。而付出的善意与热忱，正是这"奇遇"的逻辑。站在爱的光源里，欣然领受爱的映射。

在华西医大，深造

如有神助的学习

在华西医大，我成绩优异，人缘也好。

华西医大的老师们讲课速度很快，讲义一页页翻过去，要么听不懂，要么来不及记笔记，许多同学都打怵。医大的阶梯教室里，我总是早早坐在第一排，课上记到手酸，甩甩手腕，继续落笔。如此一来，我的笔记在班上最齐全，下了课，桌前就围满了等着"抢"笔记本誊抄的同学，别人不会的题也总是问我。

自己的笔记总是"流离失所"，我又发明了新的温习方法。下课之前，我把要点写在手上，先是手心，写不下还有手背。课后，同学们三五成群，背包涌去食堂。去食堂要经过一片小树林，我悄悄停在林中，默记手上的要点。反复记过两次后，打饭窗口早没有人排队，打烊的食堂里，我总是伶仃。许多年后，我听到人讲记忆理论，立即复习、运动中、饥饿中，三种情况下记忆效率最高。我竟在不知不觉中尽数用过。

第一学期结束，有人对我的苦读很诧异："你还真是带着红口袋来装知识的。"

同学们推举我做宣传委员。我更忙，而我最拿手的是做海报。整整十六张大白纸，我在上面写写画画，贴满了学校食堂对面的整面墙，人人驻足，都夸我们班太有才了！遇到学校演出，班里排练了个节目，也是声势浩大博了个头彩，八个男生、八个女生一起上台唱歌跳舞。

愉快的大学时光很快就到了临床实习年，我们学校有两个班分到德阳的县医院。

实习医生的课表很满，上午大查房，下午上课，晚上是晚自习。晚上，几乎所有同学都忙着应付当天的作业，每天功课很多，人人都叫苦不迭。因为在上华西医大以前我已经完成了两年的进修，自学了一半的华西医大的课程，所以学习对我很轻松。当大家都在赶作业的时候，我会用整个晚上守在病房里，一心一意扑在病人身上，病历写满厚厚几大本。

那时几乎每天都有考试。考前大家都紧张，每每有同学从前一天下午就开始苦背，还总有理解不通的地方。我却不需要"临考磨枪"，常守在病房里问病情、与医生护士交流，临床看得多，书本知识自然贯通。一边提炼，一边实践，我一生似乎没有哪个阶段比这个时期的记忆力更强。只需要在来来回回的路上一个人默默地把书中要点回顾两遍，拿到考卷，答案似乎自动从脑中涌出来，思路如泉涌，手中一支笔竟追赶不及，如有神助。答完所有题目，偷偷张望，周围的同学还停在第二道题目上。又不好意思立刻交卷，于是翻来覆去检查几次，也总是第一个交卷。出了考分，总有热心的同学提前去看考卷后跑来悄悄告诉我："李巍，你又是第一名！"

实习医生也要上手术台，德阳县医院病人多，手术概率大。一学年下来，同学平均做 28 台，我一个人却做了 96 台。这个数字不仅令所有同学羡慕，也传遍了学校各个实习点，当时每个同学负责四张病床，医院讲究流转率，病人都会如期出院。我会精心看护自己负责的病人，天天晚上在病房里守着，护理得非常好，无一个病人感染。在病人准备出院的前一天，我会协助护士做些工作，办理好出院的所有手续，加快了病人的流转率。所以，护士、医生都很喜欢我、信任我，亲戚、朋友生病了，要做手术都安排给我。

　　曾经最忙的一天，我和另一个同学值班收病人。八张空床收了八个急诊需手术的病人。一天做了八台手术，凌晨一点才下手术台。人处在亢奋状态。又连夜赶写病历。那时，我们学生写全病历，需要从家族病史问起，直到症状、体检、诊断与鉴别诊断、处方医嘱。我业务熟，手脚快。那一天我写了七个全病历。八篇术中记录和八张处方。还帮同学写了三份。

　　第二天一早大查房，主任、主治医师、住院医生、学生分立在走廊二排，像是现场考试。要把八个新收病人的症状、诊断、鉴别诊断是什么、自己的处理建议一一高声汇报完毕，看到主治医师、主任医师最后结论跟自己一致时，心里那个高兴劲就别提了。临床上的知识繁杂，许多同学都为此挠头不已，查房应对时又张口结舌，我却已经谙熟。手术经验多了，常见病症大同小异，我也日益得心应手。术间换衣服，我趁休息喝水的工夫，手套也来不及摘，已经写完了术中记录，术后处理也都写好，护士只管拿去执行。有时候夜半无事，我还特地去病房转转，老师对我十分信任，一些并不复杂的中下腹手术，比如阑尾手术之类，就叫我上台当主刀带同学一起手术。他在旁观战。所以同学们对我都佩服有加。

如今想想，当年华西医大对医生的培养是很严谨的，每一天、每个人都在随时应考。每个早晨都像"过关"，气氛最紧张，从主治医生、住院医生到实习医生，每天每个人接了什么病人、怎么处理的，都要一一汇报，众人肃立对答，不容含混。

在医院的训练和经历，也成了我的烙印，严谨、确凿，不容有失。后来我自己创业做印刷厂，修理印刷机器其实是借鉴了我在手术台上的操作逻辑和流程。从开腹到关腹，针线和剪刀都一一点数，用一层收一层，严谨且行之有效。

记忆里，有许多热情的病人。一次，外科门诊来了个痊愈的病人，带着熟人来看病，是德阳当地人，进门就说要感谢一个医生，却不知叫什么名字，只说是"小李子医生"。当天值班的是带我们的外科主治医生，听了半晌，还摸不着头脑。从主治医生到带教老师，一一问遍却都不是，外科里似乎未见此人。"就是裤子上有两个补疤的。"老乡又补充。主治医生恍然大悟。思来想去，他没想到要找的竟是一个实习的学生，很是替我骄傲。差人把我叫到了门诊，我很惊讶，但更觉得欣慰。

我一眼就认出这个人。半年前他手术后出院时非常感激，临走，他还拉住我的手对我说："小李医生，你一个大姑娘咋还穿个补丁裤子，我是做裁缝的，让我拿回去给你改改吧？"

这次是裁缝的亲友来医院准备做手术，他主动带来找我，还坚决要我主刀。作为一个实习医生就能深受信任，我自然高兴，老师也颇觉自豪。

那时初出茅庐，老师们却对我非常信任。带我们实习的老师是华西医大泌尿科主任，他的一个老病人要专程来德阳找老师做手术，像我们这种实习医生平时只能参与做下腹部手术，肾结石手术难度很高。手术的前一天，我刚结束了一台阑尾手术，老师叫住我，说明天让我跟他搭一台手术，回去好好看看书做个准备。当地医院里，也有不少成熟医生，老师却只点名我做助手，我又兴奋又紧张。谈过注意事项，老师一再叮嘱，说手术有点复杂，你也从来没做过肋骨切开的手术，好好准备。

当晚又是苦读，书本知识重温几次，只待实践。这台大手术果然漫漫。早八点进手术室，打开腹部、打开肾脏，竟粘连包裹得严重变形，当年造影技术远不及当下先进，只凭一张片子，老师和我现场"找石头"，凝神分辨。

手术难度远远超出预想，等到出了手术室，我只觉得疲惫，窗外日色已斜，已经是下午四点钟了。

八个小时的手术，中途只有人喂了一杯牛奶，我饥肠辘辘。医院门口其实有小餐馆，一碗面八分钱。我却舍不得，我那时心里一直惦念年迈的爷爷奶奶，尽力省下每一分钱，以备急用，索性咬牙再饿上两个小时把病历整理完，也守着病人到晚上。

女人是山，男人是水

从华西医大毕业后，我被分配到机械厅下属的学校。

眼看其他人已去报到上班，我这里还没有消息，一等就是十天。我一急，直接去报到。党委书记支支吾吾，道出实情："你不一样……机械厅说给我们学校分配了一个最优秀的人才，学校正想腾个单间给你，但现在还迟迟腾不出来……"我倒笑了："可千万别给我腾单间，住上下铺就行。"原来，工作学习中一贯表现出色，我在机械厅及下属各单位中早成了"名人"。

很快，我到学校正式报到。入职一段时间，就被校长找去谈话。要我接任医务室负责人——尽管我是医务室里最年轻的医生。

我想，那时的我已是有力量的了，出于自强，出于底色，出于自信、善意与爱。而有力量的人，总是慷慨的，总是从容的。

恋爱是一种使命

多少年过去了，站在四川省机械学校崭新的教学楼前，我依然清晰地记得扎着马尾的二十出头的"自己"正拿着收音机，欢快地从遍布斑驳外墙的教学楼里轻跃而下，悄悄地跳进了爱情的世界里。

上班后，我一心想要考母校研究生，专业没问题，英语却是我的短板，买了个小收音机，我常喜欢在傍晚的窗前，听收音机广播，听英文，这份惬意是我放松的小秘密。但此时的我正苦恼于收音机里传出的如米进米缸的密集嘈杂声。完全听不清楚。

热心肠的打字员拉着我一路小跑，说是要去学校找电工教研组的组长帮忙调试。在上楼的时候，刘永好正好下楼，我一抬头就看见了他，四目相对，两人都愣了一下。

"这是刘老师，李医生的收音机要调一下。"打字员说着就把收音机递了过去。刘永好说他就可以调，于是把我俩带到了三楼他自己的办公室。他把自己组装的一台大大的收音机给我，打开让我听。顿时每个发音都听得清清楚楚。他说这是他自己组装的，让我先拿回去听着，我坚决摆手说"不!"

他轻声说："那这样，你的小收音机就先放在我这儿修，修好后再换回来。"我不好意思再坚持。

我一直记得那个午后，如果过目不忘是我那时的才华，我想，我最不愿忘记的一件事，会是那天的一眼万年。

我们医务室的位置正好在学校和工厂之间，上面是很大的一个学校，下面是工厂，上下距离都差不多。因为学校一下子分来了两个女大学生，医务室从此热闹非凡，每天课间操时间，拥挤不堪。学校年轻的男老师和工厂年轻的工人争相来"看病"，医务室在这偏僻的校区成了一道风景线。

刘永好也是天天来，今天说打球腿擦伤了，明天说手扭到了或者找个借口要张伤湿膏药。

一天学校开员工大会，他就坐在我斜对面，我看他拿个本子一直在记，在我的脑海中加深了对他的印象。

一个星期天傍晚，我骑自行车从城里返回学校，到校门口时自行车掉链，碰到正在校门口的刘永好，见状他急忙进去推出自己的自行车给我，说你先骑我的，我帮你修，我忐忑地骑到自己宿舍，从未骑过如此轻松舒适的自行车。我第二天还车时，看到我的车已擦得干干净净。他说，你的车座调得太高，车把也太紧，我都调了一下。他让我试试看，骑上一试，果然好骑很多。

我以前从未听说过自行车还要调！大概对机械的白痴，让我对他顿生好感。心想，我从小到大都学习好，却不懂这些基本常识。

那时，学校有个集中学英语的地方，就在学校电工教研组刘永好的办公室里。他负责机器播放。我也每天去学，刘永好每次都把他办公桌前的藤椅摆到最前面的一个位置留给我，人群很挤。我每次一出现他都会主动招呼我过去坐在那个最舒服的大椅子上，我们渐渐熟悉。

刘永好比我早一年分配到这个学校当教师，教电子和机械。有一天，他到我的宿舍来找我，说他发现送我到学校报到那个又高又帅的男生，已经连续三个星期没来了，问我可否给他机会。我明确表态目前不想谈恋爱，要考研究生。他说："没关系，你可以慢慢考虑，我可以等！"当他走后，门关上的那一瞬间，突然有个信号进入我的大脑里："就是他。"但当时我也并未认真。

我们学校围墙外面是广阔的田园。春天来时，墙外大片黄艳艳的菜花喜洋洋地怒放，格外吸引我，下班就跑出去坐在花田边享受那份赏心悦目。有一天遇到刘永好，他拿个相机在照相，一会儿就给我照了好多张。次日就把洗好的照片给了我，印象中照片不是要拿城里去洗，要等好几天才能取吗？我纳闷地问。他说是他自己昨晚上洗出来的，我奇怪地问，你自己怎么洗？他说你要看吗？我很好奇，在我的圈子里就没听说过可以自己组装收音机，自己洗照片的。好奇心驱使，约好了下班后还去照相。这天，印象中是我第一次知道打扮自己，换上了好看的衣服，扎起了辫子，傍晚的霞光照得菜花黄中透着光亮，田埂边各种摆拍让人身心愉悦，青春的气息涌动着。花海绽放着金色的光晕，美得醉人！

那年的"菜花季"也是我们的"恋爱季"。坠入爱河的青年男女每日相约围墙外的花海。天天照相。天天看相片。心生欢喜。花期过了，我们在田埂上手拉手散步聊天。有一天天黑尽了，我们仍不舍离开。我眼睛近视，他把我背在背上，我安然享受，任凭他带我游荡。睁开眼时，忽见脚下竟是坟包。我惊问怎么来此？他说：我们不能同日生，但求同日老！那一刻我决心一生跟随这个男人，只因这句话。每当遇到生活中的艰辛，我总能想起这句话，于是灵魂有了安放之处。一个女人陪一个男人走完一生一世是缘分，也是使命。

我热衷读书和工作，先生则酷爱科学和实操；我中规中矩，他则古灵精怪。当恋情被家人知晓时，我心如磐石不可改。同事也费解，世俗眼中的学历工资于我来讲都不是障碍。

我眼中的永好，是我见过最爱劳动、最聪明的人。

记得一天傍晚，校长和基建科科长到宿舍找我。学校基建修新宿舍楼用的钢筋断货了，原因是我原来工作过的工厂迟迟未发货，眼看就要停工，要我跑趟眉山疏通协调。办公室主任开车，基建科科长陪同，我们三人连夜出发，跑了几个小时，到达时已是后半夜。一早我就去了厂长办公室。厂长见我即笑，对学校基建科科长说："今天可以给你们发货，但有个条件，李巍要留下！"

我极想念这里。读大学的几年间，每逢寒暑假，工厂都会有顺风车接我回厂。这里已俨然我的家，我每天在卫生科义务上班，各家各户都争先请我吃饭。同宿舍楼的年轻人都得排到最后面，我就像工厂的孩子，极受宠爱。这里实现了我的大学梦，于我而言，这就是我的家。

一年多不见，相见甚亲。我安心玩了三天才返回，那天到时已是晚上十点。永好一直在等我，见我未吃晚饭，转身出去。十几分钟后，端着一大碗酸汤和两个热气腾腾的包子回来。我诧异，他解释说，他从窗户翻进食堂，只找到两个包子，又从泡菜坛里捞了一把酸菜做成酸汤，这汤是我这辈子喝到的最鲜美的汤，热气腾腾的两个包子也令我百般受用！我笑眯眯地问："你怎么鬼点子这么多呢？"内心暗叹："这个男人太能干了！"

婚姻的经营

我喜欢舒婷的《致橡树》，很多人说那是爱情的样子，我却想说，那也可以是婚姻的样子。

> 我们分担寒潮、风雷、霹雳；
> 我们共享雾霭、流岚、虹霓。
> 仿佛永远分离，
> 却又终身相依。
> 这才是伟大的爱情，
> 坚贞就在这里：

爱——

不仅爱你伟岸的身躯，

也爱你坚持的位置，

足下的土地。

————《致橡树》

四十岁读，五十岁读，我再读，眼泪随之而来。诗歌提炼得多极致，我眼里的故事就有多动荡，而我的内心也就有多骄傲。原来婚姻，是爱情成长的样子。共同成长是婚姻经营的一个秘诀。

我们终于组建了家庭，奶奶、姑姑、父母、老师，那些曾经给了我无数爱的人，终究奠定了我对爱的理解和尊重，我立志：用爱经营，做好永好身后的女人，做他永远的支持者，经营好一个家。

支持丈夫上电大

相识十个月，我们决定结婚。两副铺盖摆在一起，买了七八斤水果糖，日子就挑在假期——此时学校里同事大多都不在，免了请不起客人的尴尬。

婚后的日子平静，只一件心事隐隐让我介怀。丈夫是中专毕业，我则念了本科。论起家庭、学历，那时的我似乎总比他"高半头"。两个人的世界里，这件事像一个心结，我们心照不宣。

不久，第一届电大开始招生。"你一定得去读书，无论如何我都支持你"，我极力鼓励他。丈夫是爱学习的，他也早有大学梦，我也早有决心——用自己的肩膀撑起一片天，支持他闯一番事业。对于婚后的我，这像是下意识的"第一信念"。

我们两个人商量好，申请也递了上去。校长却推说为难："学校只有一位老师教电工专业课，这门课不能停，他走了谁来开课？"学校不肯放人，丈夫一时也有点犹豫，再让他去谈怕也是徒劳而返。于是，我自告奋勇去找校长谈谈。

学校终于同意丈夫读电大。但在学校的一周十二节正课照常上，用教课之外的业余时间学。

那个时候他是学校唯一教电子的老师，白天要上课，晚上要读书。为了让他能够更专心读书，我让他住在学校的宿舍，每天我做好饭送过去；为了让他能够心无旁骛，家里的事情我一应全包。

那时烧蜂窝煤，为了省时省钱，每家每户下班后都去工厂的锅炉房排队打开水，不过这都是各家男人们的活儿。队伍里唯一的女人是我。我腆着孕肚，双手拎着四个暖水瓶，从家属院走到工厂的锅炉房有好长一段距离，大家都主动让我优先打水，沿途都会提醒"小心啊小心"！心里却都羡慕刘永好找到这么贤惠的妻子。

每天我做好饭，摆在桌上，然后才去宿舍叫他回来吃，吃完就催他赶紧回去学习，主动承揽做饭、洗碗等所有家务。我忙完家务还常去宿舍，帮他听写英语，时间对他来说实在珍贵，我极尽所能支持他。

我们俩刚工作不久就结婚，没有积蓄，要强的我一切都靠自己咬牙坚持，"成全丈夫"成了那个阶段心中的一种力量和内心的骄傲。

记得怀孕初期我最想吃鱼，每晚入睡前都暗下决心——次日一定要买条鱼，夜里盼着第二天能下大雨，因雨后卖鱼者多，价格较平常便宜。但是，每一次临了又舍不得，想要攒下每分钱。

那时，每个人每个月只有四两肉票，根本不够，所以每逢周日，我与工厂女工搭伴，背着背篓走十几里路，到龙潭乡镇上用粮票换成肉票，买成猪肉回家。先生每天闭门紧张学习。我虽在孕期，但肉菜大部分都省着给他吃，那是心甘情愿的爱和满心欢喜的付出。当怀孕七八个月时，仍没攒下多少钱，招待所的负责人目睹我的辛劳，告诉我说招待所有个活，洗一床床单可以挣8毛钱，分了10床给我。当天晚上，先生和我搭了个板子，我拿着刷子半跪着同他一起刷，他清洗，熬到半夜两三点，终于洗完了10床被单，一晚上就赚到8块钱。夫妻同心，苦也甘甜。

那个年代，家家户户虽都困难，却很团结。工厂前后怀孕的10个人每人每月拿出10元钱存在一起，先生产者这个月可优先使用100元。

只要你有想法，世界都为你让路

日子如流，丈夫电大将毕业。

20世纪80年代初，在外读书的刘家四兄弟先后毕业了。刘家大哥偶然看到街上有卖鹌鹑蛋的，2毛钱一个，路边摊油条3分钱一根，街巷里兜售的麻花5分钱一根，游泳池8分钱能游一场，一颗2毛钱的鹌鹑蛋俨然高价。察觉了养鹌鹑这个生财之道，四兄弟跃跃欲试，激动地酝酿起来，相约回新津老家一起商量。

印象里是在成都的高升桥路口，那时已是要道，公交车还没有规范的时刻表，人们挤在一个路口排队等车。丈夫抱着女儿，我站在一旁。路口熙熙，一家三口站成一幅参差的薄影。

大卡车接连呼啸而过，公共汽车却迟迟没有来。人群越发积滞，摩肩接踵，讷讷枯立。忽而，一辆疾驰的货车中翻落下些什么，风声呼旋，恍然一片绚艳，人群拥塞中，有东西竟直扑到我面前。我下意识环抱，一只大公鸡径直落入怀里。如今想想，那个传奇故事似的早上，真是一个凿凿的好兆头。

回到新津，四兄弟商议好做孵化场。孵化小鸡也孵化鹌鹑，商定好便开工，先在三哥的院子里启动，只是还缺了必不可少的孵化设备，算算总要花上 1000 块钱。

这 1000 块的启动基金自然是四个家庭平摊，可我家的一份却怎么也凑不齐。两个人的工资加在一起每月 70 多块钱，工龄又比几个兄长短些，到哪儿去找 250 块的存款？

"实在不行，就把我的手表拿去卖了。"急着筹钱，我倒也没踌躇。"行，以后都用电子表，机械表就用不到了。"丈夫随口答应。像是调侃，我却知道他是在宽慰我。第二天，手表拿去红庙子市场，好在仍很抢手，换回 188 块。

那是块进口的英纳格手表，这块表是怎么来的呢？记得上进修班的时候，同学的家长是供销社的社长，将这个手表的购买指标给了我。我买了那款玲珑雅致的英纳格手表，200块，几乎花掉工作四年多来的所有积蓄。那几年，为了省钱，时常和同学合买一份回锅肉，中午俩人把肉吃完，晚上用油汤煮面，这钱就是这样一点点抠出来的。

说起来也有趣，那时同学们都觉得我"很有钱"。其实是个性使然，比如每当拮据，我便不参加聚会，待手头宽裕再去聚餐，抢着付账的总是我。

凑齐了1000块的启动资金，四兄弟着手在新津三哥的自留地上开始建孵化车间，大哥、二哥、三哥学电子、学数学、学农。人才济济，都各有分工。老四永好学机械，孵化器由他动手做。一元钱一个的废汽油桶买来，剪成一条条自制成角钢。没有工人，自己做电焊工。记得那天晚上，焊光伤了眼睛，夜已过半，我疾疾赶到街上敲开药房的门，买到一支可的松眼药水；山间料峭，车间孵化需恒温，电费开支却拮据，每一家都主动扯下了自家床上垫的棉絮，抱来工厂覆盖孵化器保温。

初期，我家里的小阳台上放了一个鹌鹑笼子，笼子分七层格，每一格养40只，笼底垫着报纸，接住网格中掉落的鹌鹑粪便。学校的课间操时间，我总是匆匆跑回家打扫笼子，冲水、捡蛋，详细记录下产蛋量，产蛋周期，一天两次。日子匆匆，但每每看着整笼叽叽喳喳的鹌鹑，总是心花怒放，心底酿出母亲式的温柔。

那时候还没有专门的鹌鹑饲料，我们就用市面上的小鸡饲料添加蚕蛹粉配制。那时多亏有个大学同学分配在丝厂当医生，我才有幸买得到蚕蛹。每过一个星期，先生就会骑着自行车，驮一麻袋蚕蛹回来，在离学校最近的一个米房打碎，回来添加到小鸡料中。经过一次次调整配方，摸索蛋白与米糠的适当比例。我以一个医生的职业习惯，详细记录下配方调整后与产蛋量和生产周期之间的因果关系。

新津车间生产初具规模，"供"与"销"蒸蒸日上。四家人各有分工，先生主要负责销售和采购原料。街巷未醒，我俩已经开张。

创业最初我还在学校上班，每隔一两天下班后，都会骑自行车赶去城里的东风市场帮忙结账，到了周末则带着孩子一起去帮忙卖鹌鹑蛋。

我们在成都的店面租在青石桥，每天凌晨4点，工厂把鹌鹑蛋送来。几个大型菜市场里，我们都摆下摊位，青石桥市场、红旗商场、东风市场。我和先生、婆母几个人早出晚归，日夜循复。销售辛苦，饲料供给更是艰难，为饲料不断供，我也陪丈夫南北奔波。

说起来，那段日子最辛苦，赚到的钱不多，可心里总是喜悦。一枚鹌鹑蛋落地，就笑逐颜开。创造的获得感让人忍俊不禁，一分一厘、一时一秒都付诸行动，我和先生尽了全力、同心同德、心无挂碍，只觉得每一天都太短。

时代的羽翼

后来，鹌鹑养殖事业有了羽翼，周边农民也受此感召。技术日益成熟，每个鹌鹑蛋的生产成本降至一分多，售往全国市场。家家户户都在养鹌鹑致富，连机关的公务员都在养，清晨5点走在新津的街道上，家家户户都传出小鹌鹑的叫声。

养殖场所在地四川新津，也借此成了中国乃至世界最大的鹌鹑养殖基地。

艰难的选择：放弃心爱的医生职业

事业有了起色，几家的女人也陆续在单位提交申请，各自准备辞职。

而我，对于辞职这件事踟蹰了很久。做离开医生岗位这个决定，到底犹豫了多长时间，我至今也没有仔细回忆过，像是潜意识里不忍。

我从不是一个贪心的人，为读大学放弃升职，日子拮据对朋友却大方……可放弃做医生这件事，连想一想都痛彻肌理，像是刺痛每个细胞。念头一动，眼泪便簌簌地掉下来，似乎也不是哭的情绪，只是流泪，牵动心神地流泪。这些我从没跟丈夫说起过。心底的磐石，只靠自己慢慢去磨。眼泪掉了又止，像一个反复受伤的疤。

我们的育新良种场发展迅猛，销售任务也紧迫。丈夫一心忙着拓展市场，夜以继日。我也为此忙碌，每每骑车去市中区收账，单程便要整整一个小时。

夏天鹌鹑蛋超过了保质期就意味着滞销，听说重庆最大的销售地是两路口菜市场，我们装了 40 箱，每一箱1350 个鹌鹑蛋，叫了一辆三轮车拉到了火车站，准备去重庆开拓市场。到了火车站后，我守着三轮车，先生去买票，久等不来，距开车只有 20 分钟时，他才来了。原来站长不同意我们带这么多货，后来他好说歹说，费尽口舌，站长才勉强同意装上火车。三轮车车夫、先生、我，三人来回跑动相互传递，刚搬完，火车就开了。

因为走得匆忙，先生连换洗的衣服都落在了三轮车上。他每天早起，在市场上先占位子，再拉个条幅，不断吆喝"鹌鹑蛋营养价值高，一个顶 5 个鸡蛋"。去了半个月，回来后人又黑又瘦，整个人都瘦得脱相，看到我说了句"40 箱终于卖完了"，倒头就睡着了。我看到心疼不已，但一想到要辞职，我的眼泪又忍不住，不由自主地摇摇头。

青石桥离我住的学校很远，来回路程两个小时，先生买了一辆二手摩托车，每天来回跑，早上四五点就出门，接货，理货，开门销售。一天晚上，他一点多还没回来，我坐立不安，内心暗生各种不好设想："他是不是骑着摩托车掉沟里了？""会不会有什么意外？"

终于按捺不住，看着孩子已熟睡，用枕头把床边倚住，免得掉下，我自己边哭边出门，向着丈夫必经的路上冲去。走到一里外的桥上时，发现有灯火闪烁，我眼睛近视，稍走近一看，原来是几个男人蹲在桥上抽烟，我怕极了，趁人没发现，掉头向回奔跑。再等了一阵，先生回来了。人疲惫不堪，倒头就睡着了。目睹他每天这样奔波，我终日担心。那一夜，我哭了一个通宵，心撕心裂肺地疼。终于下定决心，辞职回家来安心帮助丈夫创业和照顾女儿。

放弃做一名医生，也成了我一生最大的不舍。这放弃实在残忍，它不仅是一份职业，分明是梦想和骄傲——属于年少时我的唯一的梦，我曾那样视若珍宝！曾那样为之奋勇前行！

陪丈夫创业也是重要的工作

辞职后我们把家搬到了城里。丈夫再不用花几个小时在路上了，更全力投入工作中，辞职后，我全力支持丈夫初创的企业和陪伴女儿成长。耳边也总有那个声音，像是一种自我暗示——它盘旋，又挥之不散，它说：用女人的肩撑起男人的一片天。

哪怕许多年过去，我还记得那个萧索的春节。天色渐沉，窄街里的狗吠了起来，有影影绰绰的惶然。

那时创业初启，为购买饲料原料，我和丈夫匆促北上。过年是在洛阳的叔叔家过的，大年初五，我们便把女儿留在了叔叔家，坐车到东北买粮食，那个时候购买粮食不像现在这么方便，需要粮食局的批文。我们找到了粮食局局长的家，在门口等了很久才得到答复，告诉我们过几天再来找他。

我们回到了住的小酒店里，那时生活还没有现在这么方便，没有方便面，我们的衣服也没有带够，东北很冷，过年大街上没有几个人。我们一直等，正月初九还没有消息，尤其是女儿正月初十要开学，还在洛阳等我们。我又舍不得花钱买机票回去接女儿，于是告诉婶婶我们不能马上回去，婶婶是当地的牙科医生，找了人让女儿在当地寄读。等到正月十三，我们才得到批文，回到了洛阳，我和先生又都很忙，于是让女儿在当地寄读一学期。

四月份是女儿的生日。小小年纪第一次远离家门。因为工作忙，我没时间去洛阳看女儿，心中很是难受，我买了一条玉石的小金鱼寄给女儿，女儿视若珍宝。天天想念妈妈。那学期结束时，我才得到机会去看女儿，女儿一下子像长大了许多，我问女儿想不想我。她悄悄拉我进了房间才说妈妈我好想你呀！说完哭了起来。她居然懂得想妈妈时躲到卫生间去偷偷哭，我问为什么？她说免得舅姥姥着急，我小小女儿居然这么懂得体贴人！说得我心酸酸楚楚。我感受到女儿此时多么需要我。丈夫羽翼渐丰事业准备腾飞，我应该抽更多时间陪伴女儿成长！

我们觉察"洋饲料"接踵涌入中国农村，其中尤以泰国正大集团势头最盛，几乎占据中国市场的半壁江山，每年在饲料上就能赚走 6 亿元。

1986 年暑假期间，忙碌的先生主动说带我和女儿去深圳玩。我们睁大眼睛不敢相信，真的吗？到了深圳，一早坐车出门。车子开到了深圳的正大工厂时，看见门口排着长长的车辆，先生匆匆跳下车说了一声："你们俩在这儿等我一会儿，我进去看一眼就出来。"我们俩下了车呆呆站在门口，一个小时过去，又一个小时过去，直到中午下班人群向外拥，还不见人出来，快到一点钟时，才见他热汗淋漓、兴冲冲地向我们跑过来，我顿悟此行的真正目的。

先生聪慧过人、触类旁通，短短几小时就抓到了核心。收获如此之大，也不枉我们娘儿俩在烈日下暴晒几个小时。先生也喜不自禁，下午到晚上接连陪我们去了好几个旅游点。我心里猜测，这是要回返的架势，果不其然，第二天下午我们一家飞回了成都。知夫莫若妻！

商机当前，稍纵即逝。

很快，我们决定转型生产高档饲料。这是一场"饲料革命"。我们把过去赚来的钱悉数投入高档饲料的研发生产——创办了希望饲料科研所，聘请30多位专家教授兼任研究员；并广泛与海外学子建立联系，请他们提供国际先进的饲料信息，着手建设希望饲料生产厂。

当第一批"希望"牌饲料产出时，全数送给了饲养农户。反馈让人振奋，我们的产品足以和洋品牌媲美。那阵子，川西地区有一句广告语——"养猪希望富，希望来帮助"家喻户晓。它是"中国第一则墙头广告",也曾在电视台广告时段循播,从脚本到营销,正是我们当年的一个创举。我们派了很多人在乡村公路两边空余的墙头刷了这个广告,在中国农村处处可见。这句广告词是当年我和先生及女儿晚上一边洗脚一边构思出来的,也让"希望"牌饲料声誉日盛,打破了外资饲料品牌长期独霸的市场局面。到 1990 年,希望饲料产量达到 4000 多吨,居西南三省首位,超过了正大集团的销量。

这是一场国产饲料和洋饲料的"拉锯战"。屡次"交手",正大牌的领先优势不再,我们成为其强有力的竞争对手。竞争"战场"日增,上海、浙江、江苏、湖南……我和先生又为新赛道殚精竭虑。我们在成都成立了办事处,事业又上了一个新的台阶,同时我们招聘了一批人,包括国企员工、教师,等等,他们后来成为集团的重要管理人员。

我们的饲料很快成为一个知名品牌。那时四川内江有个局长,带着领导班子共 8 人,找到我们想要把企业卖给希望,那场谈判特别精彩,我当时在现场做记录,先生 1 对 8 舌战群雄。我深深被先生高超的谈判技巧所折服,双方最终达成合作。合作报告上交到市里,这是国内第一个私企收购国企案例，因为没听说过，所以上级政府没有人敢签字。

印象非常深刻的是这个案例曾引起了《参考消息》的热烈讨论。一年后国家政策调整，允许民营企业参股式并购。此后，我们名声大振。紧接着，上海马陆镇书记亲自带队来川向我们伸出橄榄枝，邀请我们去当地办厂。我和先生去当地考察时受到多方优待。办厂初期连车子和司机都是政府借的。这个厂很快见成效，一举打出名，陆续收到了各种各样的邀约，希望去办厂，或者收购、兼并，我们到处谈合作，非常繁忙。印象中有一次先生和二哥出差一周，就商定四个合并业务。

当时，我们去各个地方谈合作，所到之处，都是省市领导接见。合作方和当地新闻媒体都等在舷梯下。那时先生还没有秘书，他要先一步下飞机接受采访，而我总是一个人拖着重重的行李箱跟在后面保持一定距离，默默等在一边。没有人知道我是他的妻子。

1992 年的"南方谈话"，是丈夫从《光明日报》上读到的。尘埃落定，我们喜出望外。

我们在全国建起三十多座工厂，有新建的，也有收购和兼并的。全国工厂要统一管理，想借鉴国外集团化的方式。十几趟往国家工商总局跑下来，终于闻得定论"国家允许组办集团化企业"。

1992 年，"希望集团"注册成立，拿到中国第一家私营企业集团的牌照。"希望"之名取自当时的国务委员、国家科委主任宋健 1988 年在育新良种厂的题词："中国经济的振兴寄希望于社会主义企业家。"

进退有度

故事新篇再次风帆蓄势。在家的寰宇，别人都说女人是水，男人是山，而我却坚持认为：女人是山，男人是水。山屹立不动，水依山而流，只要女人守住像山一样稳固的后方，男人就会像流水一样，一次次出发，一次次归来。山水相依，不离不弃！自然界就是这样呈现的呀！

故事说到这里，也许读者早已察觉我的奋身竭力。我不畏惧"进"，也不去推敲"退"。这大概是藏在性格里的东西，一如我那执拗的全心全意。

辞职后兜转了八年，始终是微笑的。丈夫需要时我全力以赴，不计名声得失，孩子需要时我全心全意。

1991 年先生到国外考察长达 8 个月之久，那时正值女儿小升初备考阶段。先生出去考察，他留下很多成都办事处的工作需要我处理。我要负责女儿的全天接送和一日三餐，晚上还得陪她去补课。等到女儿做完作业睡着了，差不多就是夜里 11 点了，这时，我才能安心地骑上自行车，去到郊区的办公室（公司只有那一台国际传真机）发传真向先生汇报当天成都办事处的工作情况。

等他收到传真后，再把新的指示回传给我，忙完就已是夜里一两点了。这时回家的路上几乎没有行人，只有路灯为我壮胆。女儿小升初进考场那天，我累倒住院，还是朋友帮忙骑车送女儿进的考场。女儿很争气，以第一名的成绩考入了一所名校。

1993 年，先生当选全国政协委员，政协会上成了风云人物。四川省委统战部张廷翰部长专程找我俩谈了一次话。我当场表态：一定全力支持他的工作，并会提醒他永远保持谦虚谨慎。

1994 年，他在政协会上提出光彩事业议案时第一时间打电话念给我听，那一刻。我觉得自己是世界上最幸福的人！

说到底，"进"需要魄力，"退"也要底气。许多选择都基于我的价值观判断——创业、辞职、退守；全力以赴，或是急流勇退——"家"的秩序底下，步步水到渠成，并不相悖。

人们说，这是女人的牺牲，我只看作付出的胸襟，是对一份事业的付出和支持，是使命！

家是事业，事业亦是家

舍得给，也给得起，总是古道热肠，无论对于家庭还是事业，我都如此。事实上许多年里，两者也水乳相融，再难分隔。

1999 年，我在清华上一个课程，说企业做大做强可以强强联合，可以和合作伙伴合作，也可以和竞争伙伴合作，我很认可这个观点。

其间，正好央视《对话》栏目邀请了两家饲料企业创始人来对话，一个是正大创始人谢国民，一个是先生刘永好，于是我也被邀请到了现场，坐在第一排最中间的位置。听他们两人在台上各讲自己优势，我一下子冒出个念头：我们两家可以合作呀，我为自己这个想法惊喜。发言结束时，我急忙拉住先生说："我们要跟正大合作，正好人也在现场，快去谈谈。"先生愣了一下，看了我一眼，未及多言，又被现场的记者围住，我独自站在厅柱侧，心里焦急。采访持续了整整 30 分钟，人群散去，谢国民早就不见踪影。为此事，我一度觉得惋惜。

事隔一年多时间，又有一个可以实现联合的机会来了。

2001 年元旦前几天，假日将至，我提出不如约六和的黄炳亮出来聊聊。先生与他素未谋面，我倒与他有一点结识，先生欣然同意。

山东六和集团是当年行业的一匹黑马，三个创始人黄炳亮、张唐之、张效成是农大毕业，科班出身，被视为行业后起之秀，颇受瞩目，也让前辈们备感压力。

和黄炳亮这位行业新秀结识，说起来也是缘契。一次去瑞士考察，我恰好与他同路，一路上探讨起许多热门话题，聊得很投机，双方价值观也相似。记得当时还有巨人集团史玉柱，通威集团刘芳，一行五人。

翻出号码，我拨过去，立即接通。"马上放假了，你们一家人准备去哪儿玩儿呀？"我开口即问。对方的回答也爽快："听你安排。"一面之缘，时隔已久，再联络竟然如此顺利，我当即回应："那我请你们全家去海南？""好。"

炳亮和夫人在海南我家里住了三天。先生和黄炳亮探讨饲料技术，我和女儿刘畅每天换着花样做菜，先生偶尔也下厨，做个麻婆豆腐、回锅肉。朝夕相处三日，炳亮夫人感慨说，你们一家人都"又能干，又实在，对人又好"。

假日将尽，离开海南的前一天，我还在忙着待客的家事。先生忽从书房里走出来，悄声告诉我"他们要出让部分股份"，出乎意料，我俩喜出望外。

"那赶紧谈啊。"我说。谈的过程很顺利。何止顺利，简直是轻松。先生和黄炳亮轻轻松松定了价，六和的三个股东商议后，每个人留了少许，大部分股份转让给我们。

后来听说行业里另有人找到六和，且开出更高的价钱。黄炳亮坚定地说："我们是找合作伙伴，不是卖企业！"山东人的重信重义，一直感动着我。我内心一直把他们当成兄弟，直到现在几家人关系仍非常好！

事情由我牵线，协议最后也由我带着炳亮和王航一起去新加坡签订。当协议最后要去新加坡找张唐之当面签字时，先生跟我说："你还是陪炳亮和王航一起去签吧。"

我们三个人一大早到达新加坡。在唐之家顶楼上备起了一顿丰盛的午餐，餐后他俩拿出协议。我示意让唐之先休息，午觉后仔细看了再签，唐之点头赞同，因为我明白唐之一定想留我们多陪陪他。下午我们的协议顺利签署，晚上和唐之把酒言欢。第二天拿着签好的协议，我们几个高兴地回国。

这无疑是爆炸性的行业新闻。自此，新希望集团在饲料板块稳居首位，行业第二名难以望其项背。在新希望集团的发展史上，乃至在中国与世界饲料行业史上都可大书一笔。许多人捶胸顿足，觉得自己错失良机。

家庭与事业，于我而言是平行的，难以分隔，又何必分隔。

家是一种共识

一路行远，许多问题迎刃而解，也有许多时刻需要携手跋涉。

无论如何，家是一种共识，我从来都全力以赴。我也从不诉苦，也许是小时候不在父母身边长大的缘故，也是自小耳濡目染的价值观。

为家庭、为先生和孩子做事，或者说是奉献，对我而言总是快乐的。我擅长这样的"给予"，不索求回报。在我的生命里，谁付出多一点或少一点的计较从来不会出现，只是觉得时间总不够用，承担从不是负担。

从前先生边教书边读电大，我一天三顿地送饭去，兼照顾孩子，争取时间，一心让他好好学习。从来没想过让谁帮忙，家里的事情尽管放心。

后来创业，事业又成了我们的共同目标。先生总是很忙，一进家门，我就摆了满桌的菜。杯盘挪了又挪，不停夹菜，想让他多吃点东西，多睡一会儿。闲话的时间几乎没有，有时候自己都忘了吃饭。

如今想想，我们似乎没有经历过那种平静的家常时光，一起照看孩子，一起分担家务、分享琐事。不过，我们总有共识。既然做事业这件事，已经是共识，那么我就全心全意给予支持，答案就这么简单。

集团分家以后，大哥、二哥、三哥的股份都是夫妻各执 50%，而我的股份只有 1.3%，有一天，先生拿来一张表，放在桌子上，我扫了一眼这张表，看到后我很是吃惊，不知道为什么会只得到这个股份额，虽然内心也不是很舒服，很委屈，很不理解，但转念想，"算了，不计较了，一家人，他的就是我的，争这个没必要"，我采取了隐忍，怕会影响夫妻之间的感情，怕夫妻之间伤了和气。像奶奶一样，我从来不和别人争什么名和利，这一次，我依然忍让。

也许在那个年代所受的教育里，总把自己放在最后，理所应当。如今的年轻人常喜欢说要"爱自己"，我们那时却从没想过这样的话。

婚姻里，陪伴当然是一种很重要的形态，但也还有其他，支持和交流也可以是默然的。事业的共识下，秉持什么样的价值观，又做怎样的选择？我同先生一样拥有事业心，但因舍得付出，所以义无反顾。

拥有共识的家，便有"山一般"的女主人。事业高低起落，女主人总是安稳如斯。正是我常常谈到的那个比喻，女人是山，男人是水。水流蜿蜒，出发又返回，回到稳固的后方。

家的共识当然也属于孩子们。

这是一种责任教育。家里买家具、买房子，总要开家庭会议，孩子也要出一份钱。"是家里的一个成员，就有责任有义务把自己的钱拿出来，就好像房子有四根柱子，你也要负担其中之一"，我对儿子说，要顾家。

我在云南看中一套桌椅，很喜欢，价格有点贵。儿子"慷慨"地拿了三千块压岁钱，他说："妈妈，你买桌子，我买椅子，椅子的钱我出。"那时他才三岁。潜移默化，家的责任和共识毋庸赘言。

承担、付出、义无反顾地爱与被爱，这就是家的共识的第一定义。

金钱不是万能的

不过，有了家的共识，另有许多"小事"。

许多时候，打乱生活的并不是颠簸，而是林林总总的琐事。一个家的支撑构造很奇妙，有时候柴茶几缕就撑起一个家，有时候纵有家财万贯，还是离散。

一句话、一个误会、一个小矛盾，最终大厦将倾，并不是少见的事。越是亲近，予人的压力越大。比如同样的一句指摘，旁人说起大可一笑置之，家人若脱口而出，就不免郁结。这样说来，家中无"小事"。

在家这个支撑性结构里，女主人是黏合剂和催化剂。在家族和事业的传承上，感情具有重要的位置，而这个位置上的角色便是女主人，是母亲。

家中的每件"小事"都有是非，有温度，也有价值取向。女主人将矛盾纾解，以情做"家的情绪管理"，家便是一个无条件的可信任之地。她从不说教，只是传递且黏合爱。

爱的传递正是家风。

改革开放以来，造就无数机遇，许多人随澜而走，成为时代的宠儿。一些成功者扬扬自得，自诩无所不能，家庭也随之分崩离析。

几年前，我和先生在海南参加中国企业家论坛。恰巧是先生的生日，论坛组织者策划了一个小环节，要我推蛋糕上台，腾出了十五分钟，大家一同庆祝。

在活动前一天，我找到当地的一个老朋友，她包的粽子是我从前最喜欢吃的，尝过一次，终生想念！

我灵机一动，企业家也难得吃上一顿家常饭，我干脆多包些，让大家一起吃。一大早，我和朋友去菜市场买来红豆、糯米、红枣、咸鸭蛋，林林总总几大包。原料齐全，我们动手开包，足足用掉十斤米。紧赶慢赶，终于在晚上十点把所有粽子包完，又一锅锅煮熟。回到宾馆已经十一点多，内心充满喜悦。

分了粽子，切过蛋糕，话筒塞到我手里，朋友们硬让我讲两句。盛情难却，我接过了话筒：

"今天我为什么包粽子？是因为在民营企业家创业的过程中，这么多年大家携手共进，风雨同舟。首先，这个粽子是我朋友的独家秘方，我也很喜欢吃，今天请大家尝尝；其次呢，粽子就代表团结，希望大家携手向前，凝聚力越来越强。"

两句话说完，现场掌声雷动，每个人也都把手里的粽子吃净。大家笑着说先生"运气好"，妻子和女儿都争气，倒是把他本人"碾压"了。

哪怕鲜衣怒马，爱的能力依然璀璨，维系一个家的力量何其宝贵。

呵护着家的女主人，也同样是"英雄"。她也可以单枪匹马去闯，另有所斩获。而在与家相关的语汇里，女主人的"战场"只是默然，尽管她同样坚韧，同样珍贵。

家的黏合与信任

许多年里，我几乎"隐身"，是先生身边的"影子"。

我明白界限、进退和分寸，他也投桃报李。不过，不管多么美满的夫妻，婚姻中总会有些杂音。

名人的妻子尤其难做，许多微妙的琐碎里，先生也不总是那么体贴。事由无关大体，于是只能欲言又止，独自囫囵吞下。

创业的第十年，先生已有十亿身家。那时，在飞机上坐头等舱的都是有身份的人物。每每出差，他坐头等舱，我坐经济舱。有时候，头等舱的空姐太殷勤。先生似乎从不回头看我，我坐在后面，远远眼见前舱的空乘络绎，忽而送水，转而又递毛巾，有时停下来长聊……心情也颇微妙。

我向来不爱计较，也从不多愁善感，但细腻终归是女性的天赋，我想，应当有许多女性能与我共情。故事讲到这里，何妨坦诚。

一个春节，我们全家坐飞机去泰国旅行。一家人坐在一横排，有说有笑，难得的家庭欢聚。这时有位年轻的小姐走过来搭讪，说自己是先生的"粉丝"，一直很崇拜他。那时集团的事业蒸蒸日上，先生声名赫赫，我依旧隐身，他有"粉丝"倒也并不奇怪。

闲谈几句，女客邀约先生坐后排空位上再多聊聊！我们一家四口本来坐了同排，我望了望先生，他居然答应了，起身离座。接连两个小时，我每每回头望去，先生和崇拜者聊得热络，两个孩子还坐在另一侧，全家旅行就这样冷冷清清，我心里实在不是滋味。不多时，我再回头看，先生和那女客竟已一并将座椅放倒，准备在后面休息。

我借口去洗手间，途经他的坐处："要休息的话，就去前面和孩子们坐吧。"我还说得轻声悦色。先生不解，有什么要紧，后排空位多，就在这儿挺好的。我竟无言以对。人家说得也没错呀？但就是不舒服，回到自己座位上闷得直想掉眼泪。

平日里他忙，难得有时间陪孩子老婆，好不容易一起长途旅行，最后冷落的还是家人！

有时候，小事也如坐针毡，失落的恐惧尤甚。

事关信任，爱的坚韧有许多维度，也是女主人的功课。

有事业心的人才能成为女主人

女主人须具备事业心

事业一直是我的生命线。一方面创造价值，另一方面也给我愉悦和自足。对"事业型女主人"来说，家族事业和个人事业都要全力以赴，这是格局和胸襟。为事业峥嵘，也为事业退守。

当然也有取舍，比如，陪伴与事业在婚姻中常常只能二者择一。选择做陪伴型还是事业型的伴侣，是支持还是束缚，也取决于女主人的价值观。

在价值观上，我和丈夫"门当户对"，毋庸赘言。

女主人对事业坚韧的支持，建立在理解上，否则就成了盲目恭顺。

丈夫欲投资一个韩国的医药项目，当时已投入百万去考察，利润听来也颇可观。医生出身的我却始终持反对意见。

项目筹备就绪，准备签合同的那天早上，丈夫再次打电话询问我的意见。我仍坚持，认为当时的药物市场非常不规范，存在不正当竞争，我建议不蹚浑水，以免给集团带来负效应。

他思虑再三，最终决定放弃这个项目。

共同语言需要持守和经营，它源于价值观和进益。

被低估的女主人

我们这一代的女主人大多不快乐，太多焦灼、计较和顾盼。实不相瞒，与许多女人一样，我也有过做成功男人妻子的种种困惑。幸运的是我和丈夫有坚实的感情基础，很快走出迷惘，明朗地直面生活。其实，很多痛苦也许都源于自己的内心，把自己的位置放到后面，有时候会豁然开朗。

分享会上，突然有人提问我，如何才能掌控一个成功的男人？我答，一是保证自己做一个好妻子和好母亲；二是自己要有足够的学习力和创造力！

这是我的底气。有了这个能力，一个人任何时候起步都不晚。

我骨子里的要强，造就永远不会因为外界纷纷扰扰而动摇。就像我们一同栽下一株树苗，看它茂然生长。许多人也许会死守这株树苗，如果求而不得，便索性砍断它。而对于我，我愿祝它变得参天夺目，也不惧独自去种另一株树。所以，我自立自足，不后悔做出的决定。我是擅长开垦荒芜的人。

还有些东西，我想是大自然赐予的能量。比如，当我在山中独行，一株岩隙中的仙人掌，一纹水波，一块小石头，都能随时让我悟出一个道理。

我常常喜欢晚上躺在一棵大树底下，从这样的视角看起来枝叶愈加葳蕤挺拔，每个叶片都是张力十足，蓬勃向上，尤其晚上的云彩很亮，平躺向上仰望，树枝像撑起云的筋骨，云成了树的一朵蕊，我和天地交流着内心的感动。

我想：树应当是很有智慧的，正因为敏慧，它才被要求永远沉默。

人生碌碌，天地自有顿悟妙法。在许多人看来，我总是在"玩"。一次分享演讲里，我说我的人生是玩出来的。事业的许多契机就在"玩"与"悟"之中，我随时看得到，也悟得出机会。

还有，我是不争不抢的人，不去计较自己的得失。

放弃做医生的时候，我没和丈夫商量过，也从没有因此抱怨过一个字。为了念大学、做医生，在物质匮乏的年代，放弃工资和升职。后来在大学和实习的医院，凭借勤勉和天赋赢得尊重。一路如此崎岖，最后还是把做医生的梦想舍弃。

再后来自己创业，我的第一家公司是印刷厂，所有利润都交回集团。公司相熟的会计几次问我，算算利润，累计上交的早就超过了当初借的 200 万元，怎么还是依样交回去？我只说，反正也无处可存，就仍旧交到集团。直到很久以后，先生对我说，最初的创业资金早就还清，若利润交回集团，有违企业章程。另一次，我在西区的一个地产项目，被先生打包纳入上市公司计划，我也只是问了一次，先生仍说一家子分什么你我，也就作罢。

在这些事上，我总懵懵懂懂，其实是没有私心，一心坦荡。

　　人家都觉得我聪明敏锐，其实我倒也是个天生的"傻瓜"。"透明的直肠子"，先生总这样说我，因为坦荡，所以他一眼就能看透。

　　这是我的个性，自己的决定都自己消化，不去求人，居功的话更是难以启齿。在奶奶给我的童年教育里。锱铢必较、争长论短都太"丑"，怎么好意思说出口。有时候也委屈，心里百转，但从不和别人说起。我想得很透彻，该付出的、该奉献的，都与旁人无关。

　　既然坦荡，我想自己做到了心无挂碍。60 岁以后越发为自己而活，漫天欢喜。得不到的人，才会沉湎于锱铢，我只觉得前路丰饶，这也是一种悟性吧，潇洒的人不会停滞在路上。

　　有时候，我觉得上天对我极其好，有了念头就有机会。一直被命运眷顾，我想自己也许是上天的幸运女儿。

　　一个有思想、有活力、有智慧的女人是有魅力的。至于相貌，佛家说相由心生，快乐的人便幸运豁达，样貌自然和悦。

　　坦白来说，在选择什么样的女主人这个问题上，许多日常语境中的成功男人似乎都显得糊涂。

　　教育只讲立志立业，交际更是只谈师长、尊亲、朋侪，至于"齐家"一项，该与什么样的伴侣共度，似乎无从着意探讨。

家的秩序是女主人的智慧。一方面，消解情绪上的对抗与锋刃，家终究还是圆融的；另一方面，价值观里言传身教，家就有了筋骨。一言以蔽之，"有情的价值观"是女主人持守的中枢。

家是一个系统工程

每个家都有一个开关，爱的开关。女主人便是执掌开关的人。

只做"太太"是安享优渥，无忧无虑；做妈妈却是一项系统而繁忙的工程。如今的许多孩子，哪怕能在考卷和竞技上领先，人格却过于脆弱，这是家庭教育的失察。母亲要有认知、有学习、有引导，为人父母何尝不是一门"专业"？

儿子7岁的时候，我们就带他去地震灾区，连续三年大年三十我们都带女儿和儿子去给地震灾区送年货和红包，不仅是让他们拿出红包去给予、去建立社会责任感。更重要的是我想让他们见证真实世界里，大灾难后人们坚强地挺起脊梁顽强生活下去的勇气。

儿子 12 岁时，我预估孩子的青春叛逆期要到了。假期时我提前送他去我们上海爱心树生命教育的课堂里当助教。老师有意识带他去参与这个课程的大备课，然后一起去给学生上课。这样，因为有觉知，儿子几乎没什么青春期的大逆反，我和孩子们总能无话不谈——如何独立，如何理财；如何承担家庭和社会责任，如何修得磊落人格；如何做一个好孩子、好朋友，如何交际，如何爱一个人……

母亲的底蕴浸润一个家，影响几代人的修养品格。同时，家庭教育作为人格塑造的起点，也彰显耀眼的社会价值。

因此，家中琐细种种，我却把家当作一种使命。

而爱是牺牲吗？也许吧，爱总要付出，也总会有遗憾。不过爱从来无从权衡计较，就像出门旅行，看到时鲜珍巧，你即刻记起那些挂念着的人，于是大包小包地携回家去。

爱的能力是一种直觉，你下意识地为此倾尽所有。

许多企业家羡慕我家的氛围，一双儿女对父母有很深的爱和眷恋，在碌碌奔忙的家庭里这并不多见。

家的阈值里，交流本身也是一种价值。没有爱的调和，哪怕家境优渥，父母和孩子也是各有一腔苦楚，相对只能漠然。

家的散落是从冷漠开始的，这是爱的反面。漠然，然后疏离，每个人自顾不暇。就像一驾马车失了车辕，几匹马的步伐开始凌乱，忙着各觅前程。

爱便是这车辕，是纽带和黏合剂，是安全阀，更是催化剂。至于爱的方法论，其中有许多绵密的细节。去发现、觉知、反馈，去信任和鼓励，去拂掉蒙尘……容后详述。

坚不可摧的家，必然藏着坚不可摧的爱。

经营一个家需要很多品格。比如要有事业心、坚韧和自信，还要有包容和自主。所以女主人当然要剔除依赖，剔除虚荣。

价值观是基底，有了决断与敏锐，世界自然不囿于"家"。"爱"为家添补色泽，精神富足，自然勇敢且纯粹。

因此，女主人并非意味着放弃自己的公众价值，只换取一系列私人意义。而成为女主人也就不是一种旧话，正与现代性相合。

说到底，只有两个独立的人才能真正相爱。

舒婷的《致橡树》。切切如故，字字入怀，竟正是我的故事——积年共担流岚，你有剑戟，我有火焰。

成为一束光

好友于丹曾写给我一段话，我读了又读，精准又可深味。"巍姐是一个秘密的宝藏，你看她的名字就是一个秘密，她是这么一个娇小玲珑的女子，但是她巍然如山，这个女人永远是给得起，而不是去要的，无论对家庭、对自己的朋友还是对事业，她都是全力地在付出，你还觉得她精力饱满、热情洋溢。

"这个世界再给她什么样的爱情、事业、儿女、朋友都是锦上添花，她不要世界给她任何的雪中送炭，因为她自己是山，所以她以一个娇小的面目示人，但她生命里藏着一座巍峨的高山，这样的女人永远给得起，而她不抱怨生活对她的亏欠，我觉得这才是厉害的。

"有很多叫薇的女子，是蔷薇的薇，强调的都是那种柔弱纤细，但巍姐表面上是这么一个娇小玲珑的人，但是她的内心巍峨如山。因为你的外表太有欺骗性了，就觉得永远这么天真，永远这么玲珑，永远这么青春。小鸟依人恐怕是你给这个世界最大的欺骗性了。你永远是给得起的女人，所以你会永不抱怨，因为你是付出的，你从年轻时也没有索取，你想你跟四哥最早的岁月，所以怎么样去诠释这一切，你跟那些成功的富太太都不一样，没有你的成全哪来的四哥啊，所以你在给这一切的时候，你计较过他以后做成什么样吗？你想过什么回报吗？所以我永远都记得你卖的那块手表，说四哥抱着畅畅，然后飞来那只大公鸡到你怀里，拎着那只鸡回去过年，就是那样的一个场景，实际上那就是一种如山的女子对这个岁月的宣言，就是儿女我给你了，财产家当我给你了，大公鸡的昂然义气我给你了，我一切给得起。站在 20 世纪 80 年代之初，这个 80 年代新一辈，一个大时代的成全是家里要有给得起的女人，这是你最大的成就。"

我"给得起"，之于家，之于分享、慈善，乃至时代。爱因此坦荡，因此水到渠成，这也是奶奶曾给我的底色。

"成为一束光。"在"追光"成为流行语的几年前，我就写下这样一句话。

去学习、去好奇，保持自信，自我接纳与自我成长，凡此种种，与对家的爱并无冲突。

当你自立、独立，然后能包容和给予，给予家人，给予社会，一味索取当然会让人不安。做慈善的许多年里，我发觉奉献也是一种悦纳和自我开解，付出让人精神愉悦，爱从不是某种等价交换。

近几年，我几乎每天都出现在分享会上，朋友们笑言，我成了"网红"。隐约中，我将它看作一种新的使命，一如多年里的持家、创业、再创业、做慈善、写专栏……

我最不喜欢张扬，从前有慈善晚会之类声势浩大的活动寻上门来，录像、拍照我也总是谢绝。给予、奉献、回馈社会，是令人喜悦的，我习惯默默付出，不急功近利，量力而行。

前阵子，我的新书《优等生》出版，讲的是财商教育，没想到反响热烈，直接联络我的订单就有几万册，连出版社也觉得出乎意料，网站评分也有 8.6 分，在教育板块销量曾一度位居榜首。

有朋友认真地与我分享读后启发："看完了您的《优等生》，内心很激动，有几点启发。您的书为亲子关系的搭建提供了很多可复制的操作方式，比如和孩子商量制定需要承担的力所能及的责任，同时给到孩子在所在年龄段可享受的权利，这样在有助于拉近亲子关系的同时，培养孩子独立面对社会的能力……"

也有朋友说拿到书后，用一个通宵看完，还做了笔记。

"既具备女性的细心与审美，又有企业家的格局和视野。更难得的是，你会发现她时刻能给周围人带来一股能量，一股甚至超越年轻人激情和活力的能量。这种能量的原动力，来自发自内心的至善至诚的大爱：对生活的热爱、对人世的关爱、对生命的珍爱。"

我想，社会是渴求我的分享的，分享会上，我讲起寻常的家事，都是真实浅显的故事，但大多数年轻的母亲都红了眼圈。

当下社会上有许多焦虑的家庭，对爱的期待，对爱的方法论的期待，都迫在眉睫。家庭、父母、亲子、教育，我有一种冲动，去解答其中许许多多的疑惑。又是相似的使命感，让我成为"战士"，成为"侠女"。

不止于一个好妻子、好妈妈，不止于家。我对小家的爱已是完满，回馈社会的使命还是崭新的。

前些天，读到正念的理论，我恍然大悟。

我的经历中，正因为有了儿时坚定的正念，才会在逆境里坚持和宽恕。经历后再坚守正念，快乐地给予爱。温暖世界即是温暖自己。

曾经也历经痛苦，但它让我顽强、勇敢、坚韧，成为生命中独特的绚丽。庆幸自己在奶奶身边长大，庆幸自己成为一个企业家的妻子，有甘苦、有辛酸、有得失喜乐，

心路逶迤，我终于成为了我，成就了我。自此坦荡愉悦，
燃一束不灭的光。

第二章

美，现代 VS 世俗

做自己

自新希望集团做大，坊间就有了许多八卦，说先生刘永好给了我 2000 万元零花钱，让我随便花，这让我哭笑不得。这个说法倒也不完全是假的，只不过夸张了很多。事实上是 200 万元，不是 2000 万元，而这 200 万元也无所谓什么"随便花"，而我用这笔钱，滚动发展，闯进了一个又一个陌生领域，当我历尽辛苦成功闯出一片新天地时，才发现那才是值得骄傲的我！才是心花怒放的我！

那是 1996 年，女儿初中毕业，去美国留学。飞机起飞那一刻，我决定二次出山，开始自己的独立创业。

独立出来创业的真切契机，也许源于我的个性。我是一个自强的人，作为职业女性的我，从前就那么成功，如果就此在家里待下去，像是在流失自己的个性和生命力，又是浪费老天给我的天赋、机会和指引。对于自己的学习能力，我有信心也有诚心，重拾事业并不可怕，总之一句话：我是个愿意做事的人。

另外，我一向觉得夫妻两个不能总在同一个平台上。其实很多民营企业都存在这个问题，如果两个人看人看事的观点不同，会在公司造成两种意见。两种锋芒，不免相互牵扯。夫妻俩同处一个企业只能有一个声音，这是我一向的认知和姿态。

去付出、去担当、去全力以赴，我始终平和。家需要我，我便投之以支撑与扶持；家暂时不需要我，便转身创造自己的天地和光芒。

我不愿蹉跎，不愿设限。

创 业 是 拉 力 赛

创业是拉力赛，你会经常转场，转赛道，甚至转向新大陆。

18 岁进工厂、20 岁当团委副书记、22 岁辞职读大学，后来为我和先生共同的事业痛别医生岗位，共担风雨。集团成立后，我做了几年全职妈妈。全职妈妈的八年也并不蹉跎，我仍旧在集团事务上费神，大小事项、管理、广告，其实我从未真正退出职场。我想，我是一个终身热爱工作的职业女性，工作给我快乐、给我自信、给我社会价值感。

创业是最义无反顾的投入

为找项目，我费了九牛二虎之力。那时我四处寻觅投资的机会，消息四散，往往却没了回音。几个月下来，我着了急。怪先生不帮忙寻找。其实这件事先生也很不解，四兄弟里，几位妯娌也没有再返回职场，家境优渥，何必再去闯？

我仍然坚持，我渴望自己的事业，渴望机会，渴望冲出去，渴望成就自己。在那个时间点，哪怕一根稻草我都想牢牢抓住。

就这样，我一头闯进了陌生的印刷行业。我自小喜欢写文章，有着浪漫情怀，对于机器、工厂，其实一窍不通。可在那时候，只要能上岸，不管三七二十一，我都紧紧抓住机会。

因为一次旅行，我结识了一位朋友，彼此印象都不错。她做了一家制版公司，正欲拓展上下游业务，还想再加上一台二手印刷机。她既要觅人投资，我又有意出山，于是一拍即合。我用200万元收购了这家制版公司51%的股权，我和这位朋友成了合作伙伴。

重新出山，我决心把事业干好！带着兴奋和渴望来到工厂，我热情似火地投入工作。把制版车间一天就跑了个遍。我和合作伙伴又跑遍成都市各个角落，终于在红牌楼星火皮件厂内租下了一个旧车间。用这200万元买了一台海德堡的二手机器，安装测试顺利开工。事业还挺红火。

但这毕竟是一个完全的家族企业。矛盾、困境、人际关系都成痼疾。管财务的是合作伙伴的小姑子，管材料进货的也是亲戚。总之亲友林林总总，整个工厂的关键岗位上，都是"一家人"。我这个人工作起来就一门心思，秉公行事。完全没注意周边人们的反应。

人人都似对我侧目，又都在躲我，但我不觉有异，只满腔热血。下班时间回到办公室，合作伙伴问我见闻，去了哪里、碰见了谁、讲了什么话……我本就"没心眼"，起初不以为意，她既问，我便一五一十地答。第一天、第二天、第三天……她逐日连连细问，我才恍然，这像是盘问。每次听我说完，她总是淡淡地一笑，不置可否。渐渐地，我感觉出来了不对劲，于是问："我这么做你觉得是有什么不妥吗？"她矢口否认，说："是我的心态出了问题，错不在你！我感觉就像自己的孩子要被'抢走'一样的难过。"我一下子明白过来，也红了眼眶。独自创业，她把企业当作自己的"孩子"，听到这儿，我也哭了。她的难处我太能感同身受了，我俩对坐着掉眼泪，我先开口道歉："对不起，没注意到你的感受。"她也坦诚："本以为你是富太太来投资，没想到你这么热衷，真是来干事业的。"

我们一向谈得来，事实上，我也很佩服这个女人，她能干、有知识、有道德感。我当即表态："那么这样，从今天开始，我不擅自行动。你也别有压力，你乐意教我点行业知识当然好，如果不愿意，我就陪你在办公室喝茶聊天。"虽然我是大股东，但我愿意信任她。我想，这家企业是她的唯一，她一定能全力以赴，我心里是放心的——也是我对她的感受的尊重。

我在家里闲不住，每天照常来上班。接下来的境况，大概许多老板都难做到——整整半年，我一言不发，大小事宜都由她拍板，上下一个声音，我只陪同，她去哪里，我便随行，不过从不表态，只沉默着旁观。她全心全意去做，我报以最大的宽容和信任。

大半年过去了，工厂一切如常，我却依稀嗅出一点隐忧。

我打听到成都有个纸业批发市场，在白马寺。门市鳞次栉比，纸张琳琅满目，我决定去市场学习纸张知识，一家家去问。推开第一家铺子，店面深处，老板正忙着整理，并不招徕来客。"老板，这纸怎么卖？"我指指近处的纸样。"你说的是哪种纸？"老板以为是熟客，并不抬头。"老板你出来看一下，就是这个纸。"我其实对纸张型号一无所知。老板终于走到前厅："是157的铜版纸。"我点点头，心里默记，产地在哪儿，价格多少钱一吨也一并记下来。连问了三四样，我立刻出门，赶着把这几种纸的知识和价钱誊抄到本子上。第二家、第三家……走过几家门市，市面上常见常用的二十几样纸的型号，我都搞清楚了，价格也了如指掌。

接下来，我不再问型号，只谈价格。"157的铜版纸多少钱一吨？……一万块太高，前面的铺子才9500……老板你不信？那你自己去问问，是不是这个价……我一个月要20吨，你看能给什么价格？"我俨然是个熟客。一个月20吨的用量算很大了，已经可以做谈判的筹码，这一点我事先有数。

再走几家铺子，我已很熟稔，自称是乐山印刷厂新调来的销售经理，因不太懂业务，希望得到大家的帮助，然后以每月 20 吨的购买量一一询价谈判。门市走遍，最后的"决赛圈"有三家店，价格也谈出了低价。走完一条街，一份令我满意的采购合同已经到手。我回去找到合作伙伴，拿合同给她看。她难掩惊讶，一来这价格和目前进价相比，要低上太多，二来对我的行动力感到惊异。"你谈的？"她再三确认。我点点头，其实谈这种合同对我来说实在是小菜一碟。工厂的采购价格就由此锚定，降了许多。

节约了成本，我俩都高兴。当然也会伤害一些人的利益。合作伙伴默认了我谈的价格，她心里明白就好了。

"拆台"比想象中来得更快。不久，我们准备进第二台印刷机，我俩去东莞进二手机。正谈着，合作伙伴的手机响了，她起身去接电话。电话里几句话，她就恼火了。我知道，肯定是工厂打来的。电话里说，今天接了一个大单，但之前的采购合同里没有包括特种纸，没有这纸，大单就要丢了。这是私下"告状"，特意给我难堪呢，我心知肚明，但没吱声。合作伙伴在电话里发了火，我借机起身说去趟洗手间。转身出了门，我给那位新招的印刷厂厂长打了个电话："我们定的采购单上没有特种纸，特种纸不常用，你看看能不能动下脑筋，赶紧去外面采购。""这个单接下来，是要下星期一才印，特种纸我都联系好了，没问题的。"厂长告诉我实情。

放下电话，我把情况一五一十告诉合作伙伴，这个单能接，没问题。她又恼了，自己的亲戚居然合伙坑骗她，隐瞒实情，竟不惜要丢一个大单。

几件事下来，合作伙伴觉得我在管理上的确出色，而她自己总是力不从心。我其实很理解她，她是从外地来的，毕业后分配到四川工作，只身一人。在四川成家生子，夫家的亲戚朋友对她都很好，每个星期轮着叫她去吃饭，帮她带孩子、解决生活上的很多困难。亲友情义在前，在管理上，她当然难"大义灭亲"。

她推心置腹找我谈："原来以为你是富太太玩票，没想到在管理上很有一套。"她说，"我也知道，以当下的家族企业的管理方法，这个牌子是做不长远的。让我现在开除谁，我也做不到，很多事情我抹不开，也张不了口。"我点点头，全都能理解。她接着说下去："但我也希望这个公司能继续做下去，把这个品牌做长远，干脆你全权来做。"

合作伙伴就这样退出了。

我主动向她承诺，对于她的亲戚朋友，我全部接受，人马照旧，如果说创业只是苦累，领导一个老企业，面对的困境更让人心力交瘁。

新的制版公司做起来，我另有"几板斧"。第一件事，我立即高薪招聘了一个外企的职业经理人。

第二件事，降价。那时制版公司的利润很高，印刷的利润也可观，行业利润在30%~40%，我在这个利润的基础上降低30%，增加销量，全行业哗然——其实，我明白，到了一定的时间拐点，行业不可能永远保持高利润，不如率先断腕。

第三件事是培训全员计价。那时一个制版企业被一个接单员制约，是行业的普遍现象，接单算价是当时印厂最具技术含量的工种。我着手全员培训，人人学计价、算账、接单，每周一节课，由从外企招聘来的总经理负责。员工都很高兴，能学到东西，我也摆脱了挟制和瓶颈，内部的凝聚力得到极大的提升。当时有人提醒我说，我这么做会让自己的优秀员工流失，其他企业会来挖我们培养出来的人才。如果因为我的工作，提升整个行业的水准，走了又有什么关系呢？

第四件事，砍单。当时有个全国知名的电视机厂，在我们那里做印刷，一直是我们的大客户。接手后，我查了账，这家电视机厂欠款一百多万，且拖欠了很久，没有催还。自此，我让总经理每月开车跑一趟这家电视机厂，特地去要账，整整跑了十二次，欠款还没有还。厂里开了专题会，讨论这件事。"这个单子必须砍。"我说。众人都反对，说这是我们厂的主要客户，每年都在做。我却不解，已经欠了一百多万，如果因为怕丢一个所谓"大单"，而默许欠账慢慢还，企业怕是要被拖死，划不来。最后我拍了板，第一时间砍单。

至于之前的欠款，总经理每月去催，对方总有说辞，各部门负责人轮番"不在"，年底我亲自去见，也未见成效，足足拖了一年半。最后对方说，能不能用电视机以物抵资，由电视机厂的销售部来与我们交涉。我和总经理说："拿电视机来怎么办？难道能摆到门口叫卖？卖得来一百多万吗……肯定不可行。"几轮协商，我终于察觉了其中奥义。电视机厂销售部出了个主意，我们全价把电视机领了，他们再以九折回购，事实上是"假发货"。我明白过来，其实是部门贪污。后来，在我管理的企业里，不允许此类欠债，既卡了客户，又影响企业名誉，更容易滋生腐化。

"几板斧"下来，我彻底摆脱了制约。制版公司越做越好，成了行业里知名的企业品牌。虽然不大，但很知名，也不负朋友的托付。

商业竞争之外，还有人性、直觉、真诚

这次创业，遇到的问题不知凡几。

记得一次，我们的海德堡机器因为工人操作失误，不慎打坏了一个轴承。向海德堡公司一问，这个轴承高达20万元，我真是舍不得。那时刚创业，这笔钱于我是笔巨大的开支。我跑到车间，没有责骂工人一句，冷静地让工人们都来回忆现场的情形，听到什么声音、现场操作了什么，我全部记下来。

这件事怎么解决？工人自己当然拿不出这个赔偿，我索性一分钱都没罚。我让大家共议，国内能不能找到一个可以修的人，大家一起出谋划策，提供各种有用的信息。后来，有人说德阳二重厂有个八级技师，可能可以修。二重厂是内迁厂，是做精密仪器的，我闻讯连夜开车赶过去。请到这位老师傅，夜已经很深了。我拿出坏掉的轴承，仔细讲了事故的前后因果，向他讲明来由。"可以试一下，给你重新配个。"老师傅说。我心里有点嘀咕，"海

德堡要 20 万元，这位老师傅说要做一个，这成本可不是差一点半点。万一使用不当，把机器毁了可怎么办？"于是我对老师傅说："我是外行，想请教个问题。修过的轴承尺寸稍有不合适，是不是就再难运转，比如过大会磨损，过小则容易甩出来？""可以用专门的仪器检测，精确到微米，一次要几千块。"师傅略做解释，又补了一句，"但我告诉你没有必要，太贵了。"

八级技师这么有把握，我心领神会，心里已暗自决定不另外检测。"那这个检测在哪里？"我仍着意仔细追问。我想，如果师傅按照精细检测的标准来修，想必做得也能更细致。

当天商议好向老师傅定做一个新轴承，就此不论。

时隔半个月，我出了一趟差，轴承还没有送来。我直接打电话给师傅。"我还没做。"对方说。我急了："厂里在停机，就等轴承。为什么还没做呢？""这个零件太精细，我还是有点担心。"对方回道："没关系。"我心里一沉，是不是之前话说得太重，让人有心理负担。"死马当活马医，你只管放心大胆做，出了问题我来负责。"我索性把责任包揽。

很快，轴承做了出来，安装上去一试，刚刚好。工钱谈好是 2000 块，很便宜，真帮了我大忙。我很感动，直接付了 4000 块，后来师傅退休，我还请他来厂里做机修顾问。2000 块和 20 万块，差距之大，一目了然！

我的创业一向节俭，可后来却不得已"大手大脚"了一回。那是我要讲的另一件难事。

当时我们这个行业大多数厂家的胶片在同一家广州胶片厂拿货，比本地成都的要便宜百分之十，我们也一样。财务问我说："李老师，别人去拿胶片都是不要发票，我们要不要？"言下之意，不要发票可以便宜，要了发票就和市价相差无几。因为从前在集团管理工作的习惯，我要求一切流程都要规范，于是凡拿货就会开发票。

不想，一年后这家胶片厂被查，原因是它未在成都工商局注册，是家"黑店"。表面既看不出，要开发票也有，料谁也不会想到。胶片厂被查封跑路，其他买家不开发票，找不出证据，只我们厂有发票，也就留下了"证据"，要罚款 20 万元。我们对此一无所知，心里有点不服。

正此时，我们厂的总经理跟我说，可否找税务稽查大队疏通关系，从轻处罚。总经理劝我："罚款这么多，值得一试。"我一拍桌子："经营要合法合规，我不去干这种事情，吸取教训，权当企业交了学费。"从前为了修机器，舍不得20万元，眼下又被硬生生罚去20万元。行业里纷纷传言，"这家老板真有脾气"。

这一个创业故事里，还另有一段插曲，我很少讲起。

合作伙伴退出后，我俩签过协议，三年内她不再做同类企业。

不想第二年，她便来找我："在家里还是待不住，想要再出来。现在不是大印刷机的市场，而是小印刷机的市场，可以快印，只要200万元就能买一台机器。"她在行业深耕多年，一向眼光很准。

"不要在意协议，签是签了，我支持你。"我未加思索。"关键是钱不够……"她也有点难为情。"没关系，需要多少，我借你。"我即刻应允。后来，200万元的机器，我借给她100万元。

也有人打电话给我，痛心疾首："李巍你怎么这么傻，现在你的公司这么赚钱，怎么能自己培养一个竞争对手呢？还借钱给人家。"我说："竞争总是有，不是她也有别人。她是我朋友，也是在这个行业里的同伴。"

这算是心胸吗？我想，我的胸怀来自经历和最深的共情。我明白一个事业女性只囿于家事的尴尬和挫败感，我们都"待不住"，对这样的事业心，我怎么忍心打压，怎么能冷眼旁观？再者，商业竞争之外，还有人性，还有直觉，我以真心、真诚、大气付予朋友，朋友们也报以真情。

这一次创业的故事千头万绪，只用了三年，公司被我做成了行业知名品牌，先生投资的 200 万元创业基金，我也全数还上。

现在想想，第一次创业的经验也是我最大的幸运。收购一个家族企业是最难治理的，贪污、假账、人际关系，沉疴太多，很多企业正因此走向消亡。我一头闯入泥沼，但都能兵来将挡，逐一解决问题，这是很珍贵的实践经验。

曾有人问我，女人的底气在哪里？卖掉手表、辞职和丈夫共同创业，为家庭与事业担当，是我的第一重底气；而这第二重底气，就是我的事业，一如印刷厂这个家族企业教会我的，不仅是行业知识，每一个棘手的问题，都成为我商业管理之路上的奠基。自此以后过关斩将，水到渠成。

花农的一句"花菩萨"

我的第二个企业在西昌，起因也是个美丽的缘契。

我出国旅游，坐在车上看到远远的地方有一大片花海，黄艳艳的，耀得人心花灿烂，我赶紧让人停下车，跳下车，不停拍照。说来也奇怪，我天生爱自然，爱看树、看云，更是"花痴"。同行的朋友见我驻足，走过来介绍说，这是万寿菊，是提炼天然黄色素的材料，目前产地大多在墨西哥，在中国没有。那时候，我们国家的色素多是化学合成的，欧美则正流行起天然色素。

中国地大物博，天然色素提炼又暂且空白，能不能把这个项目引回去？我心下一动，索性放弃了后面的行程，着意仔细打听这种美丽的植物。一番仔细考察，我决定正式把这片锦灿引回国内。

那么，该让这烂漫的花海在哪里落户呢？当时先生在两会上提出做"光彩事业"，号召先富起来的企业家，履行企业家社会责任，到老少边穷地区办企业扶贫，定向帮扶，带领当地人脱贫致富。

彼时，我的印刷厂早已蒸蒸日上，作为妻子，我率先响应。

大凉山是我首选试点。说干就干，我迅速组建团队赴大凉山考察。封闭的大山鲜有外人来访，到了村里，一群孩子一路追逐，带着一道道纯净、害羞、艳羡而又好奇的目光打量着我们这群山外来客。记得那时俨然已是深秋，孩子们穿着单薄褴褛，有的甚至光脚，小脸和鼻头冻得通红。看到这群衣弊履穿的孩子和室如悬磬的村民，我心里升起了一个念头："我要把项目放在这儿，我要帮助他们"。

就这样，我的万寿菊在四川凉山州的高山上落了脚。

带着这份激情和沉甸甸的使命感，我组建了专门的工作团队，每天兴奋得睡不着觉。那时成都到西昌之间交通不便，只有一种简陋的小飞机，忽地起降，让人心惊，危险系数很高。在项目起步阶段，我每年跑十几次西昌，朋友和家人都劝我，担心我的安危，但我从来不担心。每次一出机场，马不停蹄带着团队进山。那时生活还不似如今便利，经常怀揣几个馒头，走在田间狭窄的稻梗上，我不小心掉下去，田里全部是割过的稻茬，直扎进肉里，瞬间腿和胳膊都是血。每每家人看到，都劝我不必如此拼命。而我，已然把这件事当作我的使命和责任。

我托朋友从美国泛美公司买种子，500美元一公斤。种子免费送给每一家农户，又成立了小分队，挨家挨户去教，送技术上门。大田要种粮食，万寿菊就利用山间的远地闲地。那阵子，我和技术小分队每天走街串巷，还编写了一本册子——《万寿菊栽培手册》，印出一万册送给当地农民。万事俱齐，已然入秋，漫山遍野果然一片璀璨。不过，我们很快发现，花朵灿烂，却无人及时采摘，又恰逢大旱，第一年收成并不好。我们的扶贫手册上写："实现大凉山的富裕，实现大凉山的美丽。"如此看来，这一年只实现了后半句。不过，好在还有后半句，花海锦簇，染尽远山，也算达成一半目标。

我改变了方法，这也成了我后来做企业、做管理的重要经验。做"合伙人企业"，每个人都要出钱，不出钱就不能参与，意即让大家用心。花种免费，农户大多懒得去采摘；若是种子上付了钱，情况就完全不同。这一次，我让员工们把种子按克重用报纸包好，一亩地一小包，一包33块钱，这是进价。因为只有出钱，种植人才会用心。至于种植户，去年仅是少数民族家庭，今年还有不少当地的汉族农户。事实上，去年干旱，万寿菊却依然繁茂，一亩玉米赚400块，一亩万寿菊却赚2000块，当地的许多农户看在眼里，也早有意参与。

春天一到，我们组织了技术小分队，每周下乡，每片地每片地地跑，请种植人来听课。种植人多为散落住在山里的少数民族，距离上课地点有十几里山路。为了吸引大家前来，我们提供免费、丰盛的午餐。慢慢地，这种培训竟然成了邻里乡亲聚会的佳所。每每活动，村民欣然而至。

我的脑海中已经出现了一幅大凉山美丽而富庶的美

好景象。

这一年，是空前的大丰收，经过培训及动员，农户们的收入也翻倍，参与人越来越多，大家都主动参与种植栽培。花海又一次染遍山野的时候，我也有了个新名字，是当地农户叫起来的，他们叫我"花菩萨"，叫万寿菊是"扶贫花"。因为扶贫事业受人尊重，我很满足。初来村里时，村民家徒四壁，仅一年多，万寿菊大丰收。每家每户都争着请我吃饭，走到哪儿，都有人为我唱起民族歌曲，杀鸡宰羊地招待，羊头还要留给我这个贵宾。后来，我几乎不太敢下乡，人们都很热情，很淳朴，发自内心地感恩。我却怕再去村里，给农户们添了负担，于是后来总是悄然来去。

中央二台的节目组在花田地头采访我，村庄人声鼎沸，热闹非常，这时西昌市的市委书记也到了现场。采访后，书记对我说："搞这么大的事业，怎么不到我这儿来报到呢？根据政策，扶贫引进可以有补贴的。"我笑了笑回复说："不靠补贴带出来的队伍才能打善战。"前期的花种、技术的资金，都是我个人垫付，当时没想过找政策补贴。"我们也开辟出了一条路，队伍也锻炼了出来。"

事实上，这个补贴政策至今仍在，后来各地有许多做万寿菊项目的人受益于此，不过当时的我并没有用一分钱补贴。

万寿菊由我最先引进，从凉山地区四散南北。项目实施三四年后，产量急剧提高，技术日渐成熟，国内市场用量却有限，遇到瓶颈似乎指日可及。我们开始做研发，从原材料触及终端产品，这种天然提炼的色素被添加到了饲料中。但这个产量仍然消化不完。

于是，我把眼光投向国际市场。既然农民们叫我"花菩萨"，我不能让大家失望，我又勾画了另一幅蓝图。保持技术领先和拓展渠道是不二选择。

于是，我大胆把全部设备免费送给了凉山当地的一家民营企业，并派出技术专家驻场支持，手把手教会他们提取技术，直到生产出合格产品为止。

我想，作为企业家有时需要牺牲"小我"利益，为行业乃至社会做出贡献，这是企业的责任！

同时，我在成都专注于万寿菊的科技研发，在2011年成立了成都枫澜科技有限公司。这个公司的前身就是创立于1996年的西昌天然色素公司。算来至今已有20余年的历程，发展势态一直良好。现在，中国已从依赖进口叶黄素逐渐成为天然叶黄素的出口国，如今这个公司的销售额一年数亿元，拥有数十项专利技术，年年获得政府及行业各种奖励，一路领跑。

有一年，我的合作伙伴，美国著名企业，叶黄素行业巨头诺维斯，在美召开全球总经理大会。我有幸被邀，在午餐会上做主旨发言。飞机上陪同我的中国区总裁说："你的团队所表现出来对企业的忠诚和热爱，对你发自肺腑的感恩和尊重，让我很震惊。我很好奇，这样的企业文化和员工是如何养成的？"他接着说，"这次美国之行，我至少收到了你们公司几个人的电话，对你可担心了，说你是一个大大咧咧的人，叮嘱我要在出门时提醒你拿房间的门卡、晚上窗帘要拉好，甚至担心你在异国饮食不习惯，特意给你准备了四川豆瓣酱……我从前尚未见过像你的员工这样把老板当作自己家人的。"这番话倒启发了我，从接到邀请伊始，我一直为演讲主题纠结，于是"如何培养团队感恩之心"成为那次的演讲主题，好评如潮。对团队我也充满了感激。正是这样一支队伍，让我有足够的时间和信心去做任何我想做的事情，自由自在地翱翔，去学习，去充电，不断造梦及圆梦。他们于我不仅是同事，更是家人。

直至今日，此前热闹的墨西哥等产地都归于沉寂，而在中国，万寿菊及万寿菊天然色素产业链落地生根，我无意中的一个善举，创造上下游诸多就业岗位。把一个农产品做成了一个工业产业链，再次证明了我的能力和韧性，这是我与万寿菊花海的"一眼万年"。

"光彩事业"不是赚大钱、赚快钱的事业，但却是我迄今最为骄傲的事业，花农的一句"花菩萨"，赋予我的价值感和成就感，是金钱无法换取的。

心理品格胜过一切技巧

我是具备商业敏感性的一类人。我喜欢做企业家，若有下辈子我还要做企业家。

做一个女企业家有很多成就感。在印刷厂和天然色素公司之后，我又接连做了几家企业，涉足许多领域，可谓顺风顺水。

我也一直背包到处学习，四处看项目、聊项目，也时常"废寝忘食"。有时候遇到适合集团的项目，也会打电话给先生提醒他留意。

这几年我又涉足酒店管理，而且越做兴趣越浓。

2018年我接手成都市武侯智选假日酒店，这是一个有将近10年历史的酒店。我虽然是外行，但对带领团队和企业管理信心十足。我深入基层，惊喜地发现，这是一个执行力很强、颇具凝聚力的团队，有巨大的潜力可挖掘。

我看好这支队伍，也想让他们有机会去创造更大的舞台，我这个人骨子里有个毛病，那就是特别想成就他人。我想让每个中层管理人员将来都能够成为独当一面的总经理。于是，做酒店管理公司这个想法开始在我脑海里萌生。

外资酒店注重把员工培养成一颗螺丝钉。中国的民营企业则注重培养企业家，培育企业家精神。我将外资的管理模式与本土经验融合，既有规范的流程和制度，也有艰苦朴素的创业精神。把经营意识和成本控制的观念牢牢注入酒店文化中。

而在激发活力这件事上，我其实手把手教了六七个月。

很多年前，我去过西点军校学习，其中一个理念让我受益匪浅："团队惩罚、团队奖励"。在我其他成熟的企业中也一直在沿用这个理念，成效斐然。

初来乍到一个新团队，凝聚人心，赢得民心，引发共情，我只用了西点这句话的一半——"团队奖励"。

我进入的第一年，周会、月度总结会无一缺席，场场必到，大家的积极性被调动起来后，会上直接投票评出先进团队，并当场兑现奖金 1000 元。开始得到奖金的部门拿到钱，当晚带领团队人马去火锅店，大快朵颐。每个人都以此为荣。饭后的话题主题自然是商量出下个月部门保住优秀的办法。

牛刀小试一个月，初见成效。第二个月听各部门述职时，我看到了澎湃的激情、燃烧的渴望，以及高涨的士气。我当场增加一个优秀名额，两个部门面露喜色，效仿首月胜出者，满怀骄傲，各自带团队外出，享受饕餮大餐。

第三个月，你追我赶，干劲更盛。比前两个月业绩增幅更大。按业绩有三个部门表现突出，我暗自思忖，决定仍然保持上月两个优秀的名额不变，那么三个优胜名额中有一个就会被落下。我有意识地想要试探团队的抗挫能力，想要团队明白一个道理，不跟同事和上下游的合作伙伴团结协作，是没办法保住自己部门优秀的。这次他们就不只是自己团队独乐，懂得邀约大家一起去庆祝，这正是我想要他们明白的。

第四个月，酒店面貌焕然一新。我欣喜地看到：关心公司的人多了，助人为乐者多了，甚至沉疴都得到了根治。我希望大家都变得优秀，当月就给了四个名额。会后我悄悄地问他们："这个月你们的奖金打算怎么用啊？"他们答道:"我们正在想怎么才能让大家共同提升。"我看火候到了,就说:"那我推荐两本书给你们。"他们异口同声说:"好呀!"

于是,我推荐了《创业 36 条军规》和《有效管理的 5 大兵法》。几年前,我曾读过这本书,记忆犹新。这是本实战书,拿来即用,尤其适合一个新团队或者经验不足的新的经理人。书中有方法,有步骤,细致到怎么做周报,周报的具体内容,提前怎么准备、怎么检查,以免开周会、月度会时内容发散、节奏松散,以及企业文化怎么建立共识、怎么定标准……清清楚楚,就是刚上任的总经理都可以依样画葫芦。而组织团队共同学习的最大好处,是大家标准统一,达成共识的速度快。

接下来的第五个月,五个部门都得了优秀奖。我特别担心连拿了三次优秀奖的工程部,每月都在挖掘潜力,诸如凌晨四点起来关空调,原本外包的活拿来自己做……连续几月挤出一万多的费用,这个月又会带来什么样的惊喜?答案很快揭晓。他们仔细把整个大楼电路依次排查并发现了线路接口问题,而造成电费浪费属于另一单位责任,言之凿凿,有理有据,居然找回了前三年的费用!

思想的统一带来行动的一致。酒店整体效率大幅提

升，管理水平明显见长，业绩逐月上升。全员真的都行动
起来了。每个员工脸上灿烂的笑容，让我颇具成就感！我
深感，人，才是公司最大的资源。用心培养有自驱力的团
队是创业者最重要的事情，业绩文化是公司的基础，如此
才能做到公平、公正，大家才能都舒心。

　　几个朋友从外地来酒店，很惊讶地问："李老师，你
用了什么办法，酒店不仅外观变了，关键是连人都变得灵
动，氛围迥异！"电信局的周总听闻后，带着领导班子七
个成员专程前来观摩取经。现场一个副总感慨道："你们
评优秀竟然不限额？这个我们从来没想到。"我说："全员
都优秀，企业才会更优秀。"他们还问我一个关键问题：
怎么控制成本。我坦言，其实开始也不懂，只是摸着石头过
河罢了。一个企业的食堂是最难管的，我就是从这里抓起。

　　我检查财务报表时发现，酒店核算办法是次月才能审
核上月采购的物品价格，故而只能参考网上上月周边几个
市场的报价，不具有时效性。发现问题后，我要求管理人
员现核现结。负责这项业务的财务是个小姑娘，在家饭尚
且不会做，对菜价自然无感。为了教她学习一套方法，一
天下班后，我带着她去厨房拿了几样菜，一起到附近菜市
场，用带来的菜跟菜市场的菜来比较。一是比价格，二是

比质量，三是了解菜的价格走势。

拿豌豆尖儿为例，有新鲜的，也有干巴巴的，有长长的带老梗的，还有短到一寸的嫩芽，品相不同那价格肯定不一样啊！

酒店的蔬菜供应商共有十家客户，我们是其中之一，却拿不到最新鲜的原料，我就想了个法子。

我提出了新要求，送菜、送肉时财务人员也要第一时间到位，两个财务人员再加上厨师一起签收，也同时检查质量。供应商发现我们每天检查得仔细，便把最新鲜的菜供给我们酒店。从源头环节严管，客人吃到的食材也就更新鲜。团队上行下效，也学会从管理上出效益。

其实管理也简单，在固有的流程上简单去掉或者加一个环节都可以解决大问题。由此类推，其他采购通通快速找到最佳解决办法。还有厨房。我一连在酒店餐厅吃了三天饭，口味并不好。于是我带着团队，去一家口碑很好的街边小店，点五个招牌菜。第二天回到酒店，让厨师就做这几个家常小菜，不合格就再做。但重做了三次，还觉不足。于是我办了个"厨房PK比赛"，30个员工为五样菜打分，末位就要领罚。

如今朋友们聚会常常嚷嚷着要去我那儿，喜欢上了我们酒店的菜。有一个小有名气做餐饮的朋友，吃了我们酒店的菜后赞不绝口地说："巍姐，你还让不让别人活了？你咋干啥都要超过专业的啊！这是我吃过的最好吃的小龙虾。"看出了她的渴望，我毫不保留地分享了我的绝招。

我们把小龙虾做成三个口味：麻辣、鱼香、蒜蓉，目前在成都挺有名气。其一是我对厨房的要求是有订单来了，先准备好锅里的备料，在开炒前 30~40 分钟，才叫供应商送货，这样就能保证鲜活；其二，虾送到后，要求在店的全体人员包括总经理，都要一起帮忙刷虾，以此节约时间，保证每只都刷得干干净净的；其三是剪去虾头尖嘴部分，最后挑去虾线。这样就炒出了甜鲜的味道。顾客可以放心地吮吸虾头内又甜又香的汁水。

我多年前第一次到海边吃饭时，当地朋友告诉我虾是甜的，就是因为新鲜。这里的老顾客几乎每周都来打包，有的人一次竟打包十份，说是太好吃了，要分享给朋友。

酒店开业十年后，按照洲际酒店的标准，每个房间重装费用十几万元，花费总额上千万元。而在我来看，完全不需要这么多。我们发挥员工的创造性，征集了大家的方案，改造出三种房型，花费很少。

一种是白领房，单间的，比较商务。买来一面落地镜在屋中，是出差的精致职场女孩需要的。另一种是麻将房，是套间，我们打印了麻将口诀贴在墙上，大家调侃说，简直可以申请专利。而麻将房里最特别的装饰，是一簇横斜的粗树枝，缀满手工做的花朵，推门即见，意思是"杠上开花"，麻将里的好彩头。还有一种亲子房，原来的儿童房卧室里有一间单独的小帐篷，但其实利用率不高，孩子独睡，父母总不放心，于是直接换成单人床。细节还有很多，比如调低椅子的高度，更方便父母与孩子交流，加了条桌方便加班办公，还从库存里找出了装饰品点缀。

这次房间改造，我们分成三个组，年轻员工各领了任务，互相竞争。酒店员工里还有一对双胞胎姐妹，相互竟还"提防"着，生怕对方"偷了自己创意"。大家各显神通——"抢"光了库房闲置的库存，自己动手做手工，还有亲子房送给孩子们的小汽车玩具，酒店的每一处都变成"网红打卡处"，焕然一新。

初来酒店，我把成都的大型批发市场跑了个遍。每天开车接上酒店管理人员去考察，今天是布艺市场，明天是窗帘市场，后天去看地毯，挨家去比价。让总经理和采购一一记在本子上，以备装修采购时比价，跑了批发市场又跑大的装饰商场，为下一步酒店装修改造做到心中有数。

一次，在一家窗帘店，我看到一幅很漂亮的窗帘，蓝黄相间的金丝绒，两扇的标价才 240 块。店家说，因为是今年要淘汰的展品，所以便宜。我们酒店的总经理见我流连，劝我说，买了也没有用。"物美价廉，太值了，一定用得上。"我还是坚持，虽然一时也想不起派作何用。后来回到酒店，这幅漂亮的窗帘被我们剪去吊穗，变成了茶房的桌布，再加上地毯和绿植，茶房的格调即刻优雅起来。

培养人的习惯不是说大道理，是在一件件小事中手把手教带出来的。

还有团队人才计划。原来只是我、总经理、副总经理三个人开会，现在我们的会议上有中层和积极分子，是"中层扩大会"。会上，大家很踊跃，很有热情，都坦诚表达自己的观点。有时候我不在，就要写会议周报，把每个人的发言都逐字记下来，我会仔细再读。员工们知道，董事长看得到他们的想法与声音，而在众人中，我也发现了许多值得培养的苗子，像发现奇迹。

《创业 36 条军规》《有效管理的 5 大兵法》这两本书，一直坚持每周学习一次，每个人要把学习心得发到企业群里。我们还倡导向上管理，向下汇报，让基层的员工都能看到上司的工作报告。我时常翻看到深夜，反馈想法。

　　我的企业要求阳光、公平、公正、公开，人是核心，每个人都不会被埋没。员工们都喜欢我。他们对我很钦佩，因为我为他们打开一扇窗，探知陌生的领域和知识。大家都很欢迎董事长来讲话，甚至是批评，"批评不怕，能学到东西"。曾有员工这样说：我也愿听他们的意见，愿意把多年创业的管理经验、模式、节约的精神倾囊相授，我也相信团队很快就能独当一面。

　　酒店管理对于我是崭新的领域。看起来似乎很琐碎，事无巨细、亲力亲为。其实我做企业总是很认真，相当能吃苦——多年以来，这成了我的习惯。

　　新冠疫情期间，全员的奋力拼搏精神在这个时候显示出了力量。在酒店业大部分亏损情况下我们还小有盈利。节约、创新都发挥了作用。总经理已经完全可以独当一面。当听到有人说她"你怎么越来越像董事长了"时，我知道，可以很放心地交棒出去，奔赴我下一个目标了。

　　我们的业绩和快速成长在朋友圈里面被广泛传诵，有好几家酒店主动找我们洽谈委托管理，如今已与两三家签署初步协议。只待疫情结束，就可再前进一步！

　　创业是我人生中很重要的部分，我为此骄傲，也不愿止步。

做女企业家不易。想要成功，最需要建立的心理品格是自信心、事业心、坚韧心、包容性和自主性。需要克服的障碍是依赖心、虚荣心，还有满足和保守心理。与男性相比，我们弱势的常常不是体力，而是果断性、挑战心理、宏观决策能力、综合分析能力、创造性思维。

很多时候，我也会想起奶奶和姑妈。她们自尊、侠气、正义，绝不贪图小利，心怀感恩。我与她们一脉传承，女人不是附属，为家、为事业付出都全力以赴，才算是最大的底气。

因付出而幸福，人生畅快。

为爱发声

讲到这里，女人的底气还没有讲完。

一重为家，二重是事业，第三重就是奉献。付出爱、奉献社会，是一种生命的快乐。多做好事、多回报社会，冥冥中，我觉得这是老天的赐予。予人阳光，自己也就变成一束光。

"一束光"，这个念头是老天给我的一个灵感。那时在做生命教育，有一年，又要写理事长寄语，整个晚上左思右想，我还没有动笔。第二天早上，忽然有一个情境浮现在眼前，我变成了一束光，明亮浓烈，我的志愿者们都站在广场上，每人都是发光体，周遭熠熠，照亮天际。我把这个场景写在那一年的理事长年终寄语里——"成为一束光"。

慈善是幸福的源泉

女人的底气更来自拥有爱的力量，并舍得为爱付出、为爱发声。

2010 年，中国下一代教育基金会成立，邀请我出任理事、并为我成立了"李巍专项基金"。我做的第一件事情，就是支持天津东丽区建立十所专门招收进城务工者的孩子的街区幼儿园，因为我也曾是留守儿童，我不愿看见孩子和父母分开。

幸运的人一生被童年治愈，不幸的人一生都在治愈童年。千千万万的农民工远离家乡，靠肩扛、手抬点亮了城市，但留守在老家的孩子，却缺乏家庭的温暖、缺少家庭的教育。如果孩子的童年不幸福，那么农民工咬牙坚持与努力的意义又何在呢？所以我第一步就想到了给留守儿童建幼儿园，让他们能在父母身边长大，这样一个家才是家，他们的生活才有希望，我们的社会才有温暖。

后来，云南省妇联还专门成立了"李巍云南妇幼救助基金"，让更多的母亲回到家乡通过养殖、刺绣等项目再创业，和家人、和孩子们生活在一起。

从论坛、专栏到讲座，我也乐于分享，近来更多些，讲的主题大多是女人的家庭、事业、教育，还有爱。

最初是杂志专栏约稿，有《福布斯》《新加坡联合早报》《成都商报》。我喜欢用一个简单的故事讲出一种道理，因此我在 2012 年出版了一本书《快乐绽放》。很多人都喜欢听我的分享，有的听众在现场泪流满面；有的拉着我不放，想得到指点；还有人说，李老师，听了你的话，我终于豁然开朗，找到人生方向了……

一个嘉宾居然逐一背下我的观点，说他一直关注我的文章，对家庭、对孩子、对个人成长都帮助良多，今天又是特地从外地飞过来听我的专场……事实上，这样的听众还有很多，常有人围过来说："李老师，还记得您在某年某地的演讲吗？我就是听了您那次的演讲，才下定决心创业，才有的今天的成绩！"我也记得当年的那场分享会，距今已有十年。

我的话能被人记住，十年、二十年，让人受益，这让我备受鼓舞。我的分享是真诚的。哪怕一面之缘，当她带着情感和育儿的困惑来求助，我也会设身处地、将心比心地给出解答。

当下的时代变迁里，人们对家、对爱都有很多困惑，也有太多焦虑，但无从获答。我总是期望用最明了的故事，讲一个人生感悟，座中人觉得引人入胜、收获颇丰，我也就很满足。其实许多关乎人生的经验与道理是普世性的，无须刁钻的词句，只需要稍加点拨。

最初做了专栏作者之后，我默默耕耘，连身边的朋友也对此一无所知。起初做慈善的许多年，我也只是缄默，不愿声张。直到近些年，我才慢慢把那些故事讲给大家听。

而我会一直奉献，也一直分享，这也许是老天赋予我的下一个责任，而我仍旧是那个急公好义的"侠女"。慈善于我，是一种幸福的使命，也是幸福的源泉，一旦爱上就终身痴迷。你爱的人越多，爱你的人便甚众，心与心越发贴近，人生也就越走越宽敞。

事实上，这本书，我也是想写心与心的距离。当代社会，无论家庭如何美满，夫妻如何和睦，朋友如何熙攘，信息的获取如何快捷，我们却似乎总是孤独的。我们坐在一起，却还是下意识地滑开手机，心与心之间苍茫而遥远。孤独时代里，爱到底如何自处，如何寻觅，这是当下与时代的共情。

我希望做一个发光体，女人不要沾光，而是要发光。

生命教育

一次偶然，我听了一堂特别的课，那是2013年。

只40分钟，令我如此触动，催促着我思考生命的价值，体会生命的真正意义，满满的欣喜与感动，我不能自已，几度落泪。

第一堂课是隐私。课堂PPT里放了九张图，标识出小背心、小内裤等，直观地教孩子怎么保护自己的隐私。老师对孩子们说，可以拒绝任何人触摸这些隐私部位。如果被人触碰，可以大声地喊出来。

课上还有许多例子。比如，如果在路上遇到坏人怎么办？逃跑、哭喊、去找警察？逃跑，恐怕体力不支；警察也不一定第一时间就在附近；哭闹，也许会被人误会是小孩子向亲人发脾气。站在孩子的视角，怎样做是最合适的？我自诩走南闯北、见多识广，也一时蒙住了。而正确的答案，是大声说出来，告诉路人他（她）不是我的亲人，然后求救。一张图，一个道理，一个应对方法，有观点、理论、互动，课堂热热闹闹，实用且有趣。小孩子应该怎样保护自己的隐私？中国文化含蓄，对于这些问题，一直是困扰父母们讲不清楚的问题。

"这个课程太好了。"我忍不住感叹。朋友介绍说，授课的志愿者都是全职妈妈，几个发起人都具海归背景，也有人曾是企业高管、大学老师。自 2009 年，从一间教室、一个小学开始，她们想把生命教育中最基本的道理讲给孩子们听。

更让人有感触的是温暖的氛围。志愿者站在门口，孩子们都亲昵地围过去，一片欢笑。这些"爱心妈妈"与孩子们，竟像是母亲与儿女。春风化雨，将人与自己、人与他人、人与自然、人与生命的关系传递给可爱的孩子们——我想，这正是我们的文化与教育中常常缺失的一部分。

课后，我想请志愿者们吃饭。她们也很热情，说李老师你来听课，应当是我们请客。就这样，我们一见如故。细聊几句，我打定主意。"这么好的课程应该让千家万户受益。"我说，"我有一个李巍教育基金，全数是我自己的钱，没有一分钱是募集来的。我们的上一代、下一代都没有受过这类的生命教育，我想我们可以把课上的内容变成教材，留在中国，让千家万户受惠，就用我的教育基金支持这个项目。"

那一年，我们注册成立了爱心树生命关爱中心公益组织，2014 年组织成立时我被推举出任首届理事长。

我们立即着手编写出版国内第一套生命教育教材。

编写教材的日子，老师们十分辛苦。彼时生命教育的专业人才稀缺，且志愿者们都没有教学经验，因此都得亲力亲为。且她们都是全职妈妈，白天要操持家务、看顾孩子，往往等到老公孩子都入睡了，已万籁俱寂时才能安安静静坐在电脑前开始一天的编写工作，我们的创始人晨虹老师、李淳禛老师和郁玫每天各尽其责、任劳任怨地带领大家一起默默奉献着。两年后，教材在上海教育出版社出版，小学一至五年级全套，包含学生本、教师本，评价很高。记得还有位专家激动地评价："一群全职妈妈就编写了这么成功的教材，难以想象。"

因为有了教材。我们立即进行扩大队伍建设。教师培训班一期接一期。教师队伍壮大到 300 人，学校也迅速扩展到了二十几个。最初为生命教育进课堂，我们也费了九牛二虎之力。首先要说服校长们，其次是学校里的课表排得紧密，孩子们的课余时间不多，那就利用午饭后的时间，从午后 1 点到 1 点 40 分。

我还有更远的愿景，希望生命教育纳入学校的正规教育。生而为人，学会如何与自然相处，与他人相处，与自己相处，与社会相处，懂得生命秩序和遵守社会秩序，这是一门重要功课，是我们人生中最重要的一课。

我的愿景如今实现。从最开始的 2 名志愿者到今天的近 500 人，十二年来累计服务了 50 多所学校、572 个班级，培训的志愿者也都是全职妈妈。生命教育，既是教育的"本真"，又是教育现代化。知识和技术可能会随着时代进步过时，甚至我们可以说，纸面上的知识永远在过时。但对于价值、本质、品格、生命的认知是永恒的，最值得学习。

因此，生命教育是一个前瞻性思考，对生命的认知和困惑都值得关注。不过在十二年前，关注者寥寥，许多年里，人们并不了解什么是生命教育。直到近年，生命教育重受瞩目，我们开玩笑说，"是太超前了"。我期待生命教育在更多孩子的人生旅途中引发微澜，像丛林蝶轻扇翅膀。澜动之际，生命现其灵妙。

全职妈妈的精神家园

生命教育和基金会包括了两个我最关注的问题——儿童和妇女，我很欣慰。

儿童不必赘言，另外还有妇女，也就是全职妈妈。我自己曾做过全职妈妈，对这个群体的心境与处境，我透彻地体味过。全职妈妈是伟大的，她们敢于从职场退回家庭，为家庭奉献，这本就是一个很大的牺牲。不仅牺牲当下，还有未知的未来。家的兜转，有一天她们终于料理停当，抬头再望自己的职业身份，却面临尴尬。

一位脱离了社会的全职妈妈说，丈夫下班回来，叛逆的孩子正哭闹着发脾气，丈夫便责备："你每天在家，就把孩子管成这样？"她感到委屈，又似乎无从辩白，一时泪流满面，还有一重压力是经济上的。长年累月"向人伸手"，尤其对于职业女性而言，有无可名状的心酸，全职妈妈最忙碌而被忽视。还有没有机会返回社会？如何回去？怎样取舍？如果索性脱离社会，经济无法独立，怎样面对压力，面对自己？个中辛酸有苦难言，这样的故事一再重演。

而我们的生命教育，聚集了一群非常快乐和幸福的全职妈妈。

平日里忙着培训和讲课，风雨无阻。我们的生命教育培训是认真严格的，每周培训，周期半年。半年后考核若合格，一开始只做助教，协助主讲老师上课，等到经验渐丰才能正式上讲台。毕竟，学校的教师大多有师范训练基础，我们的妈妈讲师们则是"跨行业"从零开始。我们的每堂课都有两位老师，也是希望更多的全职妈妈都有参与感。每周大备课，每个年级组各自拿教案出来，全体审核。到了每一年年会，大家聚在一起排演节目，充实而温暖。

从前，全职妈妈少有朋友，有了空闲就去逛街、打牌，甚至一言不合与丈夫孩子吵架——其实是心里郁结难舒。

而这十几年间，她们在这里成长，也把这里当成了一个家，一个温情之源，一个精神去处。

记得其中有一位全职妈妈，家中遭巨变，几近崩溃，她却从未在生命教育的课堂上缺席。我问她怎么还能坚持。她说："李老师你不知道，大家都说社会上好人难找，这里的每一个人都是有爱心、能奉献的人。像进入一个爱的怀抱，我离不开这里，这是真心话。"

这里的确是温暖的"家"。她们首先站上讲台，传递爱，用生命陪伴生命。其次再造社会价值，全职妈妈们在这里找回了自信，认同自己，奉献社会，她们为此自豪。最后，又反身温暖了家庭。在生命教育的培训中，大家深味爱的表达，如何与丈夫孩子相处，如何用生命教育的语言方式与家人沟通，家庭也更和睦。到了后来，丈夫们受其感召，也争相报名参加，团队里也添了许多"爱心爸爸"。

事实上，我认为，随着社会的进步，当下的女性应当保有事业心，且要重视学习。更重要的是，心中有爱，也有世界。因为一旦你退回"小家"，又只有"小家"，世界并不会在原地等你。等到孩子长大成人、毕业走向社会，丈夫的事业也已经成熟，似乎谁都不再需要你，谁都觉得你"落后"，你只剩下苦不堪言。因此，一定要把更多的爱付予社会，才能找到更广博的快乐源泉。

我们的生命教育，成为全职妈妈走出家庭、参与社会的第一块基石，这里有无限温暖，接纳她们的勇敢和羽翼。

爱的传递与陪伴

近年来我逐步参股投资一些看好的项目，我对项目投资有几个原则：方向一定是要对人类未来环境健康和平有好处的；合伙人价值观一定要正；我要具备为这个项目赋能的能力。这样我才会觉得自己不仅出钱，还能出力；不追求暴利，符合商业逻辑稳健发展的项目。

一年前我选择的 Kathe Kruse（KK）娃娃就是一个爱的传递与陪伴的项目。

我跟琪琪一见如故，她总是把自己扎进事业里，是个一天工作 16 个小时依然很有激情的人。"80 后"的她多年前以 100 万元为创业资金，现在她的品牌 BBunion 在中国已经有几百家。BBunion 的环境极具质感，提倡寓教、寓玩、寓乐的理念，让我印象深刻。我去参观了她北京的几个店，最打动我的是放任 0~3 岁的孩子在这个大玩具场里面玩耍，摆弄各种不同功能的玩具，通过看、听、闻、触摸，让孩子自己发现、产生好奇，自己去探索，这才是孩子真正需要的玩具。

于是，我主动邀请她到成都开店。一年后，成都万象城里就拥有了一个 2000 平方米的最先进的幼玩中心，这是成都父母和孩子的福音。

去年，我在她的办公室，听到她在跟德国团队开会，商谈对于德国品牌 KK 的收购。她手上拿着一个娃娃，眼神笃定，神情激动。我也过去摸一摸、抱一抱这个娃娃。

顿时，让我想起了家里也有两个 KK 娃娃。

事实上，这里面还有一个奇遇故事，我早在十几年前已经与 KK 娃娃结识。我在法国与它一见钟情，十数年将它放在床边，像一份柔软的陪伴。我极爱这个品牌。随着我对 KK 的了解，我被创始人所传达的伟大母爱所感动，为其匠人精神所折服。倘若你到过德国小城多瑙沃尔特，你就会发现，在入城的所有醒目位置，都有一个娟秀的签名——凯蒂·克鲁斯。经历过 139 年的岁月，作为世界手工填充娃娃的鼻祖和安抚巾的发明者，她已经成为了欧洲软玩奢侈品的代表人物。

充满爱的产品，要让充满爱的人来做。

我坚决支持并愿意和琪琪一起收购这个品牌。项目收购很快达成。于是，我们一起全情投入，在她忘我工作状态影响下，我也竭尽所能。

在欧洲，这个品牌产品是贵族家庭几代人的收藏品。而这一品牌软布娃娃的最大特点是对原材料的要求"苛刻"，新生儿也可以抓咬。我是医生出身，特别在意布料的品质，当我看到它的第一眼，就被征服了。一个布娃娃，可以表达爱，也可以传递爱。老人可以得到安抚，孩子可以与它玩"过家家"，它可以是爱的传递媒介。

通过 KK 娃娃去对孩子进行爱的启蒙教育。爱如此抽象，如果妈妈们只是去讲，孩子怕还是懵懂，而这个可以抚摩、陪伴的娃娃是一种爱的媒介。孩子从母体出生其实会有一种失重感，就像从空中落下来一样，他需要抓住点什么来消除恐惧，这样莫名的恐惧需要很漫长的时间来消除，就像许多人长大以后害怕坐飞机，大多是因为小的时候这种恐惧感没有被充分安抚。

KK 的爱是高度陪伴和安抚，就像我的孙子，半夜起来去卫生间也要闭着眼睛抱着他的小熊一起去，出门坐飞机，他会跟小熊说话："熊熊，你看外面有蓝天白云。"KK 娃娃还可以换衣服、洗澡，孩子照顾它，与其交流对话，将它当成自己的小孩，这个过程也能培养语言能力，培养责任感和动手能力。更重要的是在互动的过程中，孩子会感受到爱，那些说教无法言明爱的真谛。爱需要一种动作、一种形式、一种媒介。妈妈悉心照顾孩子，孩子又悉心爱护娃娃，是一个自然的爱的表达、爱的传递，孩子因此学会爱、分享爱，就此明白爱是最好的美景。

我们引进的是爱的理念，将这份爱带到中国的家庭。玩偶不仅是摆玩，也是爱的陪伴，而这样的陪伴可以是绵长的。许多孩子长大了，还是带着小时候的玩偶做纪念，这是一份爱的惦念。

当琪琪和我讨论下一步工作计划时，我说："我们的会员妈妈们大多是'90后',都曾是职场精英,为了孩子、为了家才退居家中,总渴望有一天重返职场。全职妈妈找项目不容易,一如当初的我一头扎进自己完全不熟悉的印刷厂,只为有个开始。我们应该让这个源自爱的项目,去帮助有爱的妈妈,我们可以把分店做成合伙人制,优先为我们自己会员妈妈们提供二次就业机会。她们对品牌的喜爱度和认知度都很高,并有切身体会。"

另外,我还可以做个分享者,去开发一套学习做陪伴者的课程,让我们的会员妈妈们免费来学习如何陪伴孩子成长,如何用爱心传递爱心。至于说分享会,人数不限,一次10个、20个都行。于是,一次次的下午茶,一个个小型面对面的互动,都让妈妈们激动不已,学到了知识还结交了朋友,带娃的辛苦消散一半。半年多时间,我们做了近10场分享会,自愿分享的人也越聚越多。

年轻妈妈们经常会问我,"李老师,您这么富有,您觉得应该如何培养孩子财商?""李老师,您的事业做得这么好,是怎么兼顾家庭和事业的?""李老师,我经常看您的抖音,很想活成您的样子,有什么成功的秘诀吗?"……猎奇的背后,都是有关家庭幸福、轻松育儿,以及女性自我价值如何实现。

而这些，不正是 KK 品牌所赋予的意义吗？几场下来，我看到了年轻妈妈们对 KK 的热情，抱着布娃娃爱不释手。渐渐地，有的妈妈成了我们的志愿者，参与到 KK 的活动组织中来。在中国落地不到一年，KK 的德国方因为看好中国市场，又在中国投入了更多的资源，希望可以开发出更多有中国元素的软玩产品，服务于更多的中国家庭！

花有花语，娃娃也有自己的语言，我经常把床上的两个布娃娃抱在怀里或枕在头下，成了我温暖的陪伴，在日复一日中我听到了她们传递的爱的语言。接下来的日子，我愿意和年轻的妈妈们一起，做好爱的传递与陪伴的事业！让更多家庭幸福，让更多女人智慧，让更多孩子快乐，是我和琪琪对"爱"的意义的探索，如今已成为我们笃定的愿望。上个月德方看我们半年就这么大的销售量，惊喜之余，提出要拿 200 万欧元参股，顿时我们俩的成就感爆棚！与年轻人合作，是一件非常愉悦的事情，你能从她身上找到激情，获得最前沿的知识。还有就是不敢偷闲，被激发出了年轻时的干劲和冲力，你想和她一起去冲锋！

这是我们的对全职妈妈的大爱情怀，依旧是爱的传递。这是我们选择项目和事业的发心和宗旨。

成为"网红"不走寻常路

现在的我还有一个新身份：拥有几十万粉丝的"网红"。

可能有人会觉得奇怪，难道我现在还需要出风头、开直播、吸粉造人气吗？当然不是，对我来说，当"网红"是传播正能量的新方式。

自从很多年前起，我就经常出席各种论坛，也在几个报刊杂志上做专栏作者，分享关于创业、家庭、女性、育儿等方面的心得。对于分享这件事，我驾轻就熟。

有段时间，纸媒渐衰，我写专栏的报刊也不再发行。恰逢此时，我受邀参加了一个新媒体平台的活动，一个新世界就此展开。走进会场，人潮涌动、大咖云集、热闹非凡。这里的年轻人思维敏捷，想法天马行空，非常有活力。我当即意识到，这是一条全新的赛道——它把时空压缩，把普通人推到聚光灯下；它挖掘了人性最深处的渴望，为年轻人提供了创业的捷径。若是分享正能量，我笃定，自媒体才是最快、最广的新渠道。

就这样，我开启了以公益为初心的"网红"生涯。我分享我的人生经验，讲述我的创业故事，也给大家分享我的家庭趣事和育儿经，期望年轻人在事业上少走弯路，能更顺利、更成功，也让更多人的家庭更幸福美满。当"网红"，是在赶时髦吗？事实上，作为一个企业家，我必须跟上时代的步伐。就像跳舞，每一步都踩到节拍上，才能跳出最优美的舞蹈，做事业也是一样。只有踩准时代的节拍，才能跑在时代前沿。所以，当"网红"对我来说，也是企业向前奔跑的需要。

很多朋友给我微信的备注名是：少女。我的确是一直在奔跑，带着好奇心不断学习、不断探索。"学习力"一直是我的优势。

其次，我当"网红"，是想跟年轻人交朋友。

我曾在杭州、北京、成都走访过很多家 MCN 公司。这些年轻人的创业是非常辛苦的，对着电脑一坐就是一整天，通宵达旦，经常半夜 3 点才下班。我在他们身上感受到了年轻的朝气、拼搏的勇气，事实上，并不比我们当年创业轻松，我对他们也非常佩服。

常听到一种声音说，"蓝海"已尽，市场已饱和，于是年轻人只能躺平。其实，任何时代都有机会，无论是互联网时代，还是现在的电商时代，每个时代都人才辈出，每个时代的机遇也都琳琅满目。只是，机会是留给有勇气的人、留给有准备的人的。

　　我也时常与年轻人讲起自己的创业和家庭故事。一路走来，有过许许多多选择。是冒险吗？也许是的。想过失败吗？其实不咋想。但我内心有一个努力的信念：星光不问赶路人。

　　分享我的故事，是希望能给年轻人一点勇气。最好的企业家把学习、研究和实践变成了生活方式和工作习惯。人生最重要的是把宝贵的时间、金钱、资源投入值得长期陪伴的人和事上。

　　再次，我当"网红"不是想要自己"红"，而是希望给创业的年轻人助一臂之力。

　　前段时间，我发了一条抖音，是一个年轻企业家做的防晒涂料创业项目。很快，他的电话被打爆，一条视频给他带来很多订单。我特别开心，感受到了我这个"网红"的影响力，感受到我还能为年轻人做点事。

　　我的短视频有很多妈妈给我留言，说我分享的和孩子的相处之道让她们颇受启发，有年轻创业者关注我，说我分享的管理企业的一些思路以及和先生一路的创业故事给他们很多鼓励。在新冠疫情期间，有粉丝来求助说当地缺乏物资，集团安排紧急支援，送去火腿肠、方便米饭等物资，看到收到物资的粉丝留言说，这是自己吃到最香的一餐时，我极其感动。我们虽未曾谋面，但是爱无边界。

短视频成为我与广大的妈妈、与创业者、与社会沟通的一个纽带。我相信星星之火可以燎原，人间正道是沧桑。

我很关注年轻的创业者们，会常常给予鼓励。

我做过母亲、做过妻子、做过企业家，走过的路长了，我比年轻人看的东西更多些，人生也多一点宽度。我很愿意把我的经验和教训分享出去，让大家少走弯路。

这不是好为人师，我将其看作使命感与责任。我是时代与政策的受益者，必然要回馈社会，为年轻人呐喊、为年轻人赋能。我常常对年轻人说，如果有好的项目，大可以给我留言，让我做你们背后的那个人。

其实，刚开始决定做"网红"时，很多人并不理解。

人们会说，不害怕暴露隐私吗？不担心别人说你炫富吗？是不知道网络暴力有多可怕吧！事实上，我做"网红"两年来，我的粉丝绝大部分都是活泼友善的年轻人，他们叫我李阿姨、李嬢嬢，不断催我更新。有时候走到大街上，还有人找我合影，说是我的粉丝。

成为"网红"，一个不走寻常路的"网红"，我感到雀跃与欣慰。年轻人关注我，并不因为我的先生是谁，不因为我有多大的企业，仅仅因为在我的视频里感受到快乐、感受到鼓励，尤其是感知到力量。

与年轻的粉丝们并肩谈笑，我仍是那个永远学习、永远求知的"少女"。

越发年轻的朋友圈

我的朋友很多，年纪渐长，我的"朋友圈"越发年轻。

许多人说，年纪长了，似乎只剩下几个老友。我却不以为然。事实上，女儿刘畅结识的许多年轻朋友也是我的朋友。我们母女俩相互推荐，共同学习，思想上也就同频共振。不放弃学习，我们就没有"代沟"。

在讲座、分享会、学习和考察中，我结识了许多年轻的朋友，许多都是"80后""90后"。他们很钦佩我，却不是因头衔或年纪，事实上，这些有个性、有能力的年轻人与我的确是"忘年交"。他们视我为导师，也视我为好朋友。

对于年轻人的喜好，我也谙熟，去唱歌、去玩剧本杀，大家其乐融融。对年轻人的问题，比如人生的体悟、前沿与未来，我更是知无不言。我的经历广，见识也有前瞻性，我能洞彻真伪，待人也足够真诚。

我的心态年轻，对生活满怀激情，有好奇心。我最

"擅长"浪漫，在庭院里点起蜡烛，与先生牵着手散步、看电影……少女心是不会衰老的。也许有人说，情感也有保质期，但美好的心境让它永远保鲜。

创业许多年来，当然有过困难，不过我不纠结。我很自信，有足够的安全感，于是从不患得患失，精神上丰盈。而正因精神丰沛，我不盲目追逐名牌。我有许多漂亮的首饰，都是去店里收了石头，又亲自设计镶嵌的，效果惊艳又别致。

仔细想了想，林林总总的特质总结起来，似乎不仅是"独立""坚强"。真诚、从容、浪漫、精神丰沛，自洽且对自己的接纳度很高，这些是属于我的独特魅力。时光纵流，生命累积下厚度。几十年来，我不断跨界学习，从20世纪80年代、90年代，21世纪00年代，乃至今天，具备学习力和亲和力就可以抵挡"代沟"，而这样的生命是一脉晕染过的延长线，各个年龄段的人都会被吸引。

年轻的朋友们以我为骄傲。我的经历代表过去，我的眼光又代表未来。一方面是经验，另一方面则是前瞻，见解就不会"过时"。

终身学习：底气的根底

女人的底气还有一层更深的逻辑：终身学习。

之于我们自己，不停下学习的步伐，才能做一个有爱、有事业、与时俱进的女人，才能成为孩子的榜样，才能成为家庭的力量。而有学习力的人永远有底气，他们不会孤独，无论是二十岁、三十岁还是六十岁、七十岁、八十岁，永远都是领跑人。

之于世界与认知，这世界上最本质的护城河只有一种——那就是终身学习、研究和实践的能力。

一年之中，我同时在"中欧学院"学习家族传承；在"参加学院"学习新消费；在"四为教育学院"学习全球视野。与三个不同领域、不同行业、不同年龄段的人和事深层次地交融，让我在忙碌中迅速成长。我现场听他们分享，直接聆听这个赛道最前沿的声音，我也分享自己的经验，成了班长、校友会会长，与一群"80后"、"90后"一起上课，相互交流。每天晚上，我常常一点钟才睡觉，几乎每周都在飞，但这一切都是我快乐的源泉，努力工作是最好的保鲜方法。

今年，我又报名参加了科技与产业升级营和全球投资视野的课程，上课学习、参访同学的企业、考察各种项目，我可以有机会在各个领域、各个行业之间穿梭，虽然很忙很累，但这让我格外兴奋，别人称我是"跨界高手"。

在六十多岁的年纪，进入崭新的领域，做酒店、做抖音、考察新消费项目……凡是新兴行业的东西，我都跃跃欲试，驾轻就熟，也实地去考察和学习。

前沿，是我对自己的要求。哪怕最终没有做，我也要看到最前面。对当下的观察、捕捉和创新，这不是功利性的，学习也可以不带着强烈的目的性。新的领域、新的挑战，生命的广度和宽度等待探索，我就这样推开一扇扇窗。我始终好奇。

我从来没有停止观点和认知的自我迭代。

比如投资，我的判断来自我不断地去访问新的企业，参加各种会议。去年至今，我又得到几个新的认可——终身智库专家、中国饭店协会会长顾问、中国人口出版社向我颁发"健康中国行动科普出版专家证书"、在中欧家族传承班全票通过成为班长……走访与学习，让我对企业、行业和时代有更深层的判断，也让我的生活更加充实。而只有一个不断学习的女人，才能承担责任，才能引领企业和家族。

又比如，识人知事。我的判断往往很准确。对任何行业，我都有兴趣观察和了解，也算是有识人鉴事的眼光。我时常与各个企业、各个行业的负责人聊天，一谈就是一整天，行业如何、前景如何，大多数情况下都能有所远瞩。这需要阅历，也需要一点直觉，比如慈善事业，我很早开始做慈善，在当时的中国还属罕见。于是每每出国，我常去拜访成功人士，询问他们对于慈善、家族、企业的看法，寻找对标和榜样。我想成为时代的潮流，与年轻人毫无障碍地对话，并以此为荣。只要有足够的学习力，就有了最大的底气。于是敢放弃、敢付出，因为无论所失几何，哪怕到了八十岁，我也具备重新拥有它们的能力和自信。

不谋万世者，不足谋一时。成为女企业家，也作为女主人，终身学习是必备的特质和能力。永远好奇、不断创新，才不会成为附庸。基于此，才能够有底蕴、敢付出、心怀使命，走出独属于自己的路，光彩坦荡。

爱、付出与使命

故事讲到这里，也许读者们已经能领会我、读懂我。一方面，我是独立的，从不放弃自我成长，去学习和提升；另一方面，我又是一个只付出，也舍得付出的人，为家庭、为事业都是如此，全力以赴，不计较，更不愿权衡什么得失。

而这两者恰是一体两面。正因我有足够的能量、自信和学习力，正因我一直前进，才能坦坦荡荡地"舍得给"，更"给得起"。作为女主人，家需要我时，我一定全力支持，家不需要我时，就立即去创造属于我的事业。我们所谈的独立并不是孤芳自赏，当然也不是权衡计较，而正是精神上的自信与磊落。有爱的人才有勇气——你去支持丈夫、家庭，不纠结、不计较。你看遍世上成败喜悲，越成功，越觉使命沉匈。后来，当你为爱发光，并会聚和照耀了更多想要发光的人，精神才不会贫瘠。精神丰盛，是爱的最大魅力，也是属于我的魅力。

"大爱"坦荡

我不断学习、不断创业，做慈善、做许多社会活动，心胸也不断敞阔。

近些年来，我参与了不少分享会，分享我的心得，关于家庭、关于婚姻、关于教育、关于自我的成长。前些天在北京的分享会上，有位女性听众与我讲了她的困惑，向我请教。她说，她与丈夫结婚三年，感情一直很好，后来有了孩子，觉得丈夫全部的关注和爱都给了孩子，自己很失落，甚至有点"忌妒"，心情很糟。我这样答她，"孩子会长大，夫妻感情也不可能永远像在热恋中，把自己的爱不只给予丈夫和孩子，还付予更多的人和社会，这样你会被爱包围"。

事实上，曾有许多太太来找我，说先生事业成功，自己却活成了"黄脸婆"，总是恼火。而以我的经验，只有做自己能够做的，将更多的爱投入于社会，才能活得潇洒。有大爱的人永远不缺爱。

我收获过许多真诚的爱，因为我不断奉献爱。

就像那时做天然色素公司和光彩事业，农户们称我为"花菩萨"。那时的我，曾走过每一家每一户，看过草木田川，不怕危险，更不惧苦累，帮助农户从贫困走向富足幸福，我也深味人生的真正价值。我因此感动，也更愿意倾尽所有，后来万寿菊开遍山间，漫野摇曳中，我想，我参与了一件很伟大的事。他们的爱、尊敬与信任涌向我，我自信且自豪，再也没有"爱的匮乏"。

拥有大爱，实现自己的社会价值，便不会四处求索"爱的迹象"。有人说，做公益是"上瘾"的，我深以为然。因为在其中得到太多的快乐，让你无法止步。

我深爱社会，也爱世界、爱自我，因此不去祈求爱。而这样的人本身是发光的，不需要借光。

一路走来，"大爱"有迹可循。从儿时奶奶"三侠五义"教育下的"小侠女"，职场上出色又热心的医生，到初创业中的坚韧、付出和退守的主妇；二次出山，在印刷行业家族企业中跋涉的创业者；光彩事业中通过天然色素公司实现社会价值感的企业家；还有专栏作家、分享会演讲人、慈善事业的爱心人士、对留守儿童和全职妈妈的关注者，我努力给予社会、给予他人，让自己的人生光华也越发璀璨。

谈及"大爱"，现在的我又有了新念头。从前做慈善，就想尽自己的力量回报社会，回报那些年的机缘与使命，我尽力而为。现在，我常常分享孩子的教育——我看到了社会上的太多焦虑，太多孩子与父母的胶着和对峙。站在社会与国家的角度，会替这样的家庭无比忧心——我又涌起这样的家国情怀。怎样做一个有智慧的妈妈？接下来，我想结合自己的经验和见解写一本书，送给妈妈们——首先不做焦虑的妈妈，然后才能培养出幸福的孩子。

我一直致力于倡导陪伴式学习，意即我们和孩子共同成长。

想想看，我们需要读很多年的书、学习很多年的专业知识，才会走上工作的岗位，但却可能在不经意间，就做了父母。

我们每个人都是第一次做父母，第一次做爷爷奶奶，我们该怎么做？

或许我们曾经从我们的原生家庭里学到了一些教育孩子的方式，但那些够用吗？正确吗？适合现在的孩子吗？

时代在发展，对于教育的认知也在更新，如果说在工作中保持学习的能力可以让人不断进步，在商海里保持学习的能力可以让人立于不败之地，那么，在教育孩子、经营家庭这个领域，持续学习就显得更加重要了。

现在的孩子从小就会使用手机、Pad，他们很少接触到实体货币，从小就习惯了互联网思维……与他们的对话方式、对他们的教育方式，又怎么可能套用我们的父母、我们的爷爷奶奶对我们的那一套呢？

所以，陪伴式学习、陪伴式成长，就显得尤为重要了。

对于分享，我抱着一种最纯粹的公益之心，我希望通过我的思考、我的感悟让更多人受益——让更多的妈妈更智慧、让更多的孩子更快乐、让更多的家庭更幸福。

这也是我感恩命运、回报社会的一种方式吧。

一个女人的一生正可以这样诠释，有甘甜、有辛苦、有辛酸、有成就、有喜悦欢乐，也历经苦难，最后仍走向爱。"大爱"是一束温暖的光，在这里，她愉悦、平静而坦荡。

天赋使命

一路不断丰富、不断升华，我的阅历渐丰，也就越发豁达宽容，精神上是富有的。

悄然中，我越发察觉到一种使命感，也许是从自小的英雄教育萌生而来，更是由一路的喜悲苦乐浇灌而来。

使命感是纯粹的爱，它是崇高的。去给予，不求回报，更不计较。它明亮，照亮别人、照亮自己、照亮一角碧空；它很温暖，所有的难题和苦难，都在其中消融。

我一直心怀纯粹，多年一直如此。

这里还有一个故事，关于我与新津的山川花木，关于我与先生携手的岁月。

新津县是我先生的成长之地，也是希望集团创业史的起点，这里的山水养育了四兄弟，也支撑新希望集团从县城走向世界，成为民营企业的骄傲……我想，是新津县的父老乡亲，是这方土地养育起的这份事业，我应以慈善事业来回馈，也以此纪念我与先生携手奋斗的岁月——对当时的我来说，那是最大的心愿。

因此，我专门去买下了一座花果山。项目一签订，我立即着手开山造林，跑遍了周边的绿化园林公司，半年下来，果木葱茏，阡陌纵横。我已经有了方案，要将它建设成一个玫瑰公园，免费向人们开放，它会成为新津的美丽名片，一张写满爱、纪念与感恩的名片。

我请来一位日本的玫瑰种植专家合作，很快，山间花色缤纷，藤蔓生姿。我和日本的合作伙伴常驻在新津，现场指挥团队，七月的炎夏里，亲自埋下一根根木桩。我们还想打造一条摇曳的玫瑰长廊，计划着申报吉尼斯世界纪录。我兴致勃勃，有无限热情和憧憬。

不想，一夕消息传来，新津县扩大城区建设，这座山被规划为房地产住宅用地。有人说，你是捡了便宜，这下子能赚许多，运气真好。我却万分失落，大哭一场。

一个回馈的梦就此破灭。晚上，我躺在床上黯然神伤。也许我还不具备这么大的能量，去帮助当地的人们，天不降大任于我，大概将把这项重任交给更适合的人——我这样想着，才略略宽慰。

我的心愿还是辗转达成。

后来刘家三哥做了个项目——"花舞人间"。这是一个农业主题公园，我去看时，大气磅礴，创意也玲珑，竟很像从前我梦中的幻妙花景。也许老天把这个梦想交与三哥完成，我豁然而释然。

我是全球人居环境论坛的理事，七个理事中我是唯一一个女性。那年我与秘书长陪同布朗先生夫妇一行，到四川水磨镇为地震援建队伍颁发全球灾后重建最佳案例奖。我特地引客人一行来到新津的"花舞人间"。布朗太太盛赞这里的花木美丽，有意在此留宿一晚。"花舞人间"本就是我着意添上的行程，我虽然对孩子在家有点不放心，还是决定住下来陪同参观，介绍每一处园林的创意和创新之处，晚上熬夜与秘书班子抓取素材。

"花舞人间"的绿色、创意、环保理念都超群，联合国人居环境论坛的客人们赞不绝口。后来，"花舞人间"借此评得大奖，逐步走向更大的舞台。

三哥感谢我竭力举荐之功。一次新希望集团年会，三哥来参加，上台第一句话便是"今天我是来感谢李巍的"。刘家几个兄弟极少在公众场合提到家里的女人，我也有点惊讶。后来，我对三哥说，不必感谢我，为一方故土做点事，也是我心中的梦，总算得偿所愿。这份回馈就是我的一份情结，纯粹且坚持。

说到底，我相信人与天地的气脉相牵。我敬畏自然，爱世上的一花一木、一石一林。万物有灵，万物皆可度，我发自真心地爱着、喜悦着、感恩着。

早上去跑步，看到路边一株被一夜风雨吹倒的树，我放慢了脚步，心里一疼。站在树前，我思量半晌，跑回家去，带着水和栅栏与工人回来，来回三公里，搬来石头让小树有所倚靠，然后用栅栏固定好，再浇上水。此后的每个早上，每当我跑步路过，总会留意看它，眼见叶子一天天茂密起来，我也放了心。又一天，我再经过那里，忽然察觉到绿意里有一点斑斓，于是拿出手机，想拍下来细看。镜头里，那色彩居然在动。我终于看清，是两只相爱的小蜗牛，露水未干，壳上映出一片缤纷。当天晚上，我把这个故事写了下来，我想这是老天给我的一个启示，关于生命与爱的启示。

因此，我也相信天地间，一个人自有其直觉，有其召唤与使命。

我只遵守内心的呼唤，这呼唤中有经验、有价值观，还有隐现的"天命"。

我从不愿为一时一事逢迎，也不受外界太多牵绊，我想这也是一种直觉的智慧。

儿时那些英雄故事，三侠五义、穆桂英、佘太君，仗剑霜刃，风雪夜归。侠气汇入血脉，连同草木行云的喜悦与启示，成为我的气度与"天命"。

第三章

爱、价值观与传承

爱、价值观与传承

女人是山，男人是水。家于我是一种使命和担当。母亲是一个家的核心，她的底蕴浸润整个家庭，影响几代人的修养品格。在许多大事上，母亲的话很柔和，却能春风化雨。爱的连接，正是女主人独有的力量。

第二代其实是再创业

有人说，企业第二代不过是继承，这显然是一个很大的误解，我说二代是承前启后的创业！在我看来，一个企业必须要经历两代创业，两代人共同创业才能为企业打下扎实稳定的基础。

第一代企业家南船北马、勇往直前，也有政策和时代的红利。第二代要传承、整合和发扬，其实仍旧是走在艰苦的创业路上。

一个企业在全球产业链中的使命和位置，不是由一代人就能达成的，需要两代、三代，甚至更久。

而第二代如何创新，如何管理，如何发展转型，如何让企业规范化，这些都需要创业精神，而不只是所谓的继承财富。

就像我们家，先生这一代是创业，女儿刘畅接班——其实是再创业。接班不是享受，更是一份需要"吃苦"的责任！刘畅把业务触角发展到很多板块，建立整合年轻的团队，接班时集团市值 200 亿元，转型后目前 1000 多亿元，她是一个很好的创业者，企业有了新的活力，也就有了向前走的加速度。

女儿在很多公开场合都说"感谢我妈妈一直在成全我！一直都在"。很多次听到她说这些话，作为妈妈，我发自内心地感到欣慰。我们实现当初的约定，成为了彼此的骄傲。

女儿从小爱美，唱歌好听，每次去 KTV，都被朋友调侃说是被养猪耽误了的歌手。她很爱时尚，也喜欢设计珠宝，自己在纸上画下草图，再找人去做出来，独具审美天赋。在她从小到大的梦想里，可能从来没有一个与养猪有关。但当她为爱接班之后，这个如此爱时尚的美女，却经常奔波在猪场里。我家小孙女说："我妈妈是个养猪的！"

当女儿生完孩子，尚在哺乳期时，就出国参加会议。为了节约时间，她每天的行程都安排得很满。

女儿身兼公司领导和母亲双重角色，对公司要亲力亲为，穿梭于世界各地，为了尽快回到嗷嗷待哺的孩子身边，她把乘坐飞机和火车的时间都排在晚上。她曾在一周内走过4个国家，乘飞机、汽车、火车穿梭于印度、印度尼西亚、斯里兰卡、孟加拉国，除了开会就是下工厂。

这些国家都有我们的饲料厂，有些坐落在贫穷偏远之地，交通不便，道路狭窄不平，汽车一路颠簸，过去一趟需七八个小时。每个工厂之间相隔甚远，她每天辛苦异常。当她到这些工厂的时候，员工们都感动得哭了。因为偏远，集团总部无人前往，女儿是第一个去看望当地员工的集团领导。

她平素装扮精致，可因常去养猪场检查工作，而养猪场通常处于偏远地区。每次进入养猪场要换几道防护衣，经过消杀，再步行至猪场。天气酷热时，尤其憋闷。到了养猪场，她还会跳到清洗后的粪沟里，检查清洗的干净程度，非常仔细地按流程检查每处细节，从不抱怨，和她喜欢的时尚摩登差之千里。但她干一行，就做好一行。

作为二代接班人，她不仅要把猪养好，维持原有的传统优势，还需要亲手带出一支具备新知识的年轻队伍，不断创新，带领企业转型。

这些年，我们集团的投资也捷报频传，女儿也成绩斐然。因为年轻，她对新信息的敏感度远超我们，朋友多、信息广，所以我说，她不仅是接班和传承，还是和父辈一起双手创业，不比父辈轻松。老的一代创业成功是靠勤奋和时代的红利，去开疆扩土，但如果没有二代的互联网数字化升级换代，则无法巩固既得成果。时代发展更新迭代迅速，产业升级需要不断引入新的人才和管理理念。

集团的版图持续在扩大，涉足的行业不断在增多，除了养殖、农业，还有众多新兴领域。女儿每天要开七八个会议，不同业务板块的人分别向她汇报工作，大脑时刻处于高强度的运转状态，因为每做一个决定，都可能影响公司的业绩，这对她来说，是一个极大的挑战。但值得欣慰的是，女儿做得非常出色，但背后是常人看不到的努力。

有媒体采访她说"事业与家庭是如何做到平衡的"，女儿回答"没有平衡"。你选择把时间放在工作上，就会牺牲陪伴家人的时间。而她的方法就是争分夺秒，想要陪孩子，又要去公司，那就早起晚睡，有时一天只睡4个小时。有朋友问她，怎么过周末，她回答说除了陪孩子，其他全部在工作。在她看来，休息半天纯属浪费时间。我的女儿，真的太拼了。

有很多好企业，二代接班的时候，与那些同父辈一起打拼的老员工往往需要一段痛苦的磨合期，而我女儿接班，是董事们主动推选的，因为他们看到了她的努力和能力，愿意扶她一程。而她也报以琼瑶，从不吝金钱，舍得用力、舍得用心。

有一次我们去五粮液集团参观，女儿回来的时候背了好多酒。她心思细腻，会记得公司李总爱喝什么酒，黄总爱抽什么烟，哪家阿姨喜欢吃大闸蟹，不辞辛劳，带给大家喜欢的东西，把别人的喜好记在心上，让很多员工很感动。她刚接班时，集团组织部分高管和家属到海南过年，员工们天南地北乘机分批次到达，从早上早班至晚上末班，女儿都亲自接机。最后一班是晚上十二点多，我心疼地劝女儿："你就别去了吧，跑了一天太累，早点休息。"女儿婉拒，说前面的都去接，最后一班若不去，他们会觉得厚此薄彼，她要一视同仁。这样的女儿，让我既骄傲又心疼。

凡是大假，全家外出旅行，都是女儿提前筹划，一家老小，事无巨细。

我和女儿有很多共同的朋友，我收到礼物的还礼，都是她替我完成，说她更了解对方的喜好。

在我看来，第二代仍在创业。如果没有创业精神，只继承，就谈不上传承。更有可能走不到第三代，一时高楼宴起，转眼镜花水月。也许到了第三代，才能称作守业，才能有一个规范的、模式化的成熟企业基础，而二代还在创造和发展，时代变迁，不进则退。

传承的根基在于精神，创业精神一脉相承。若将家族视为事业，家在事业便在，女主人的凝聚力不可或缺。

这堂关于传承的课，在管理学课堂中无迹可循，却可以在家的环境中春风化雨。女主人教育孩子去爱、去奉献、去劳动，有责任感、勇于承担使命。这并非一朝一夕的事，而是长久的浸润。

女主人的心境、人格和价值观，更是一个家的支柱和后盾，也是传承的稳固剂。若对一个家族做尽职调查，那么女主人一定是其中的重要因子。

女主人的爱与价值观：何谓"贵族"

家庭需要爱，女主人培养的是爱，一方面是对家的眷恋，另一方面则是对家的责任——传承的意思就在其中了。

女人的气质里藏着见过的人、走过的路。

大多数人出国旅行，都是去欣赏异域风光或去购物，我的日程却少有这种安排。我喜欢结识更多人，了解成功人士和家族的故事。女人不仅要读万卷书，更要行万里路，见过世界，放眼世界，才有眼界和高度，才能具备先见之明，引领你的家庭超前一步！

国外的发展较国内领先，我想，他们的今天想必也是我们的明天，在国外凡是有一点空闲时间，我总是喜欢找些成功人士交流交流或学习学习。

邂逅马斯克的母亲

出国考察，往往拜访一些成功人士，我也总是有意识地留心观察他们的家庭状况。先生谈的是生意，我看的是一个个家庭成长的阶段性，事实上，也是寻觅榜样。

这里还有一个巧遇故事。

一次纽约时装周，秀场表演毕，许多人挤到台前，围着年轻的模特合影，我却不愿凑趣。望向大厅人群处，蓦地，我瞥见一位满头银发、高挑挺拔硬朗，一袭玫瑰色落地长裙，笑容灿烂的年长女子，顿时为她吸引，迅速离开台前向她走去。一路追随到近前，我上前致意，不吝赞美之词，坦言她的美让我找到了未来的人生榜样。

原来年长的美从不输年轻人，年龄所赋予的神韵、自信、豁达，让她艳压群芳，形成年轻女子无法超越的美丽和强大气场。我想起有一位男士曾说过：年轻的美如花瓶，年长的美如古董。你喜欢哪个？我当然喜欢古董的千锤百炼！

虽不懂外语，但交流却无障碍，彼此一个眼神就心意相通。聊天又合影，她说她很喜欢中国，于是我们相约下次在中国见。直到后来朋友们赶来，我才知道原来她是梅耶·马斯克——特斯拉公司创始人埃隆·马斯克的母亲，一个企业家和模特。

梅耶的一生是个传奇。儿时，她随父母移民南非，15岁成为模特，21岁赢得选美比赛冠军，并拿到南非最高学府的学士学位，22 岁结婚。但这段婚姻并不幸福，31 岁，她终于离婚，独自抚养三个孩子，生活之艰可以想象。但她在困境中从不放弃希望，富有远见，对孩子们的教育包容且开明。三个孩子兴趣各异，长大后都不同凡响，一个是最年轻的世界首富，另一个开了自己的连锁餐厅和农场，还有一个则是知名导演和制作人。60 岁，儿女远去，梅耶终于卸下家庭的重担，决定重返职场，出道做模特。很快，她再登 T 台，以洒脱的女性形象成为各大杂志封面的新宠。

作为一个母亲，她自强而独立，因此成为家的支柱与骄傲。作为一个女人，她不断突破和挑战自我，不愿囿于固有的生活。这也像是我的人生信条，于家，奉献爱与坚韧；于自己，勇于尝试、乐于探险。从医生到制版印刷行业，从天然色素公司到枫澜科技公司，乃至酒店管理、儿童教育、跨行跨界、我从不畏难。

我与她惺惺相惜。于一个飒沓坚韧的女性，人生自有星野长风。

家族的传承

有一次，我到法国。行程最后一天，朋友问，想不想去见识下老牌贵族家庭。我当然兴奋，一行人一个小时后，来到郊区的一处庄园。汽车停在古堡门前，一对老夫妻站在门口迎接我们。两人年过古稀，却身姿挺拔，穿着舒适优雅，丈夫身材魁梧，大概有一米九，妻子也有模特的风采，身高大概也逾一米七五。我心下暗自惊艳，如此一对璧人。

两人迎接我们进门，端上点心。小面包夹火腿和水果，咬下去香润甘甜。身边人交口称赞，我也忍不住拿起第二块，踏进餐厅，细节更令人啧啧称道。餐厅的陈设颜色缤纷，灯光、杯盏各有细节，斑斓又美好，墙壁装裱是用的红布，老夫妇还告诉我说是他们亲手贴置的。

每上一道菜，男主人都为我们讲其中的故事，奶奶炖过的菜式、爷爷留下来的银器、餐具背后都有的一代代传承的标识……每一道都有一个故事，吃的也不只是菜色，而是时代和文化。

一顿饭用了三辈人的餐具，六种有独一无二

设计的杯盘，从爷爷奶奶到爸爸妈妈再到自己和夫人，每个人都用自己设计的独特标识把对子孙的爱凝聚在餐具里。餐后，主人引领我们去他的家庭小博物馆。进门是一块艳丽的地毯。男主人介绍说，那是他的老奶奶亲手用毛线编织的，已经有一百多年的历史，后辈一直都很珍惜。墙上有主人家的各类收藏，其中有一对青花瓷的盘子破了口，主人特地让我们帮忙留意，哪里可以修补它，若有修补的方法，他愿意远途拜访——对祖先的旧物，主人是极其珍视的。进到另一处房间，这里曾是主人家几代人的婚宴处，婚礼照片层叠，不同时代的婚庆照片都极具时代氛围！

家族的历史在故事中蔓延，从祖辈至今，屋子与陈设几经变迁，时光却似乎没有走远。满屋旧物，整理有序。我心中感动于他们对祖宗的敬畏和思念，如此细致体贴尽心，如此心怀骄傲！

夫妇两人的那种俊朗和舒展，让我印象至深。这种美不是青春年少、花枝招展的，而是从岁月和内心深处流淌而出的。几代人的照片陈设在时光里，像一部艺术电影，关于传承和珍惜。

　　我忽然也有了一种朝花夕拾的冲动。奶奶给我留下的一对银镯子，我一直把它供在佛堂里。回国之后，我笃定要留下些东西给孩子们。后来我在故宫看到了花丝，它是中国的一种古老首饰工艺，即将失传。我特地去定制了两只碗，刻上我和先生的名字。留给我的孙子孙女。现在，我最想的是多写几本书留给我的后代，这才是最好的传承。

美是自己的责任

　　一次去美国，在我的要求下，朋友带我来到了一家高级养老院。

　　要拜访的人是一位芭蕾舞演员，独自在这家养老院租了套房。在门口接待处，工作人员联络她，她请我们五分钟后再上楼——留一点时间，她稍事装扮。当我踏入她的房门时，看到一位容姿焕发、妆容精致的女人，虽是九十多岁的年纪，脸上却看不到皱纹，美丽且优雅。桌上摊满她的相片，从前的芭蕾剧照、幕后照、肖像，不一而足。她很有兴致，将照片中的故事一一讲来——16岁，她从小城市来到纽约，后来成为知名的芭蕾舞演员。整整两个小时，她滔滔不绝。我想，她一定是幸福的，她也不会孤单，因为她有事业，还有那些关于事业的往事。她会永远美丽，那一瞬间，我也不再忧心苍老，白发如斯，也可以如此优美。

那一次回来后，我也才开始收集我们家的照片。有故事的人是幸福的。隔了三年，我又去看她。到了门口，接待处说她刚刚生了病，才恢复，可能不会想见人。工作人员再打电话过去问时，电话里的她很高兴，她说我们从前见过，很聊得来。于是，我们再次相见。虽是病后初愈，她仍打扮得漂亮，衣着仪表无可挑剔，化了妆，也戴了精心搭配的首饰。这是属于她的优雅礼仪，事实上，她将美这件事，也当成自己的责任。

一个有人生阅历，有事业和智慧的女人，美对她来说是一种自然的滋养。

等待是最长情的告白

让我动容的故事还有许多，比如一个关于爱的故事，这是我在怡和集团听到的。

那一次，怡和集团的掌门人邀请中国的两位企业家——刘永好和冯仑——携家人去他英国的家做客。先生给我打电话说要在周末赴约，让我赶紧到北京，当时我正在哈尔滨出席一个中国女企业家大会，匆忙从哈尔滨飞到北京，在首都机场直接和先生会合转乘国际航班。

掌门人夫妇接上我们一行人，直接去了他家位于郊区的庄园，园子巨大，可以骑马。园中有草场、沙地，养了各样动物，园子中心有一间造型独特的房子，明亮别致。主人介绍说，那是他结婚时送给太太的一个礼物。他们是大学同学，自大学起，男孩子就对女孩暗生情愫。没想到，未及表白，女孩毕业后就嫁给了他人，婚后有了两个儿子、一个女儿。男孩一直坚守独身，自然也无子女。直到前些年，女孩五十多岁时，丈夫去世。这个男人第一时间飞到她身边，说："我已经在大学时代错过了，不能错过第二次。"就这样，他们终于结婚。此时，两人均过半百。

结婚时，他想送给太太一个特别的礼物——一栋房子。请来著名设计师贝聿铭，光设计费就达600万英镑。房子建好，处在茵茵草场中央，有着巨大的玻璃壁面。坐在房子中央一览360度风景，远处的天，近处的草，眼前的马和羊驼，安逸祥和。

在主人家的几天，我们的午餐和晚餐地点都在那栋房子里，印象里满是晶莹明澈。草场里还有各色蔬果。我爱种菜，爱收集种子，于是更是痴迷，流连忘返。每天早上，我是所有客人里最早起床的。六点钟，我就一个人在广阔的草场天地之间游逛，我喜欢阳光，喜欢阳光下的茵茵草地。我拍了许多照片，拍晨曦、日出和草木。有时候，我独自在草地上跳舞，细看每一样植物。那是莓子的时节，红莓、蓝莓我都一一尝过。那是一种自然的状态，空无一人，如痴如醉，我独自与天地对话。逛过两个小时，我回到住处，众人才刚起床。早餐也很精美，是有自然味道的佳肴。

住了三日，到临分别的那天早上，她太太的儿子、媳妇和孙儿们都来到家中，一大家人将老爸簇拥在中间，一排人为我们送行，我和她太太相拥在一起很是不舍，相约中国见。我颇为感动，这个专情的男人为了等她，不曾结婚，也没有后代，一个家族企业的掌门人，一个世界知名的企业家，曾有多少貌美如花的女孩渴慕他，他顶住了多少家族的压力，只为心中那一份爱！

先生问及打算时，他说，早打算好了，集团就交给侄子。这也意味着，在人生的下一个阶段，他们只有彼此。这样的"稀有物种"具有的也许就是一种贵族精神，是爱的默契和宽厚。

希腊奇遇：能"放下"的人最有力量

另一次"奇遇"在希腊。一位朋友说，有个在希腊的活动叫"女神再现"，是教授冥想的课程，问我要不要去玩，我立刻答应同去。朋友打趣说，要是听不懂课程上的英语怎么办？我说，不懂有什么关系，反正你给我翻译。

来到希腊，第一天去会场，我心里也有点忐

恣。那是一间很大的教室，一共八位女性，除了我们两个中国人，还有法国人、德国人。主办人站在门口，是一位年长的女性，穿一身红色全棉长布裙，见到每个人都很热情，激情充沛地与众人一一打招呼。我和朋友最后入场，朋友走在前面，我跟在后面——我的个子不高，想来更是悄然安静的。谁知一见我，主办人向众人惊呼，"Tiger 来了！"为什么叫我……老虎？我暗自茫然。朋友却回头看我，语气欣喜："她的意思是说，你是很有力量，内心很有能量的女人。"我与那位主办人素未谋面，更谈不上互相了解，也许她看到了某种无法言明的气场，我不得而知。

坐在教室里，主讲人不断发出指令，偶尔朋友给我翻译几句。大部分时刻，我其实一知半解，只随众人舞动。不过那里的气场很祥和，坐在其中便觉得幸福。

活动最后一天，我们即将离开，主人安排了一项特别活动。我们的教室临着海滩，望出去便是碧波。而这告别之时的特别活动，是裸浴。将蜂蜜和盐搅和起来，涂到身上，然后到大海中沐浴阳光——这也是当地的一种仪式。我和朋友有些不好意思，我便说，我就留在岸上给大家守衣服。众人笑说，这里没有游客和行人，不需要守衣服，喊我快些下去。我还是害羞，几乎手足无措，独自留在岸上发呆。一个人百无聊赖，我望向同伴，海波里，每个人的身体似乎都在闪光。其实，我们之中有些人年纪很大，身体也不免松弛，但阳光照下来的时候，她们依然如此美丽耀眼。

我受到了感召，也抹上盐和蜜，走入海水中。阳光温暖，海水蓝澈，我感到身上的每个毛孔都在发亮，那么自由，那么轻松，与自然那么亲近，无以言喻的幸福。

原来，人在放下所有时才最轻松。当我们与自然接近，在这赤条条来去的人间，才解放了自己。我们触到生命的真切，然后才更有力量。

界限之美：爱亦有行止

女主人的力量润物无声。不过，先生和女儿的事业日益煊赫，我总是家里最沉静的一个——我把自己的位置摆得很低。

许多年里，每每和先生一同出席活动，我总是缄默。有人说我有点傻气，我却觉得该遵循秩序。如果这里是先生的主场，我就不便多话，也不必开口。

后来有些场合也极力邀我发言，话一出口，掌声爆响！先生常惊诧于我的"不鸣则已，一鸣惊人"，似乎忘了我也曾在事业场中势如破竹。长久以来，我像是家的一个背景，真诚、沉默、谦让，举足轻重。

事实上，浸于爱的家，也有其秩序。其实何止于家，每一个个体之间都有"界限之美"。

我讲过一个故事，许多年轻人听过后不禁嗤笑，却是我的真实心境。大学的时候，我学习好、活动中也积极，算是学校的风云人物。那时曾有个初恋，悄然而终。毕业十年间，我都回避返校，也许是我们那一代自小受过的家教，瓜田李下，不得不避嫌。事实上是：其一，是我把家看得很重，不容许它受到一丝伤害，哪怕只是引发一点不愉快；其二，是珍视自己的所谓羽翼，我想，这也是一种个人修养，于人于己都能坦荡舒心。

每个家庭都有其界限。在我家，女儿开口问我建议或说需要帮忙，我义不容辞。比如女儿要出差，她提前告知我，我就全力帮忙。即使身处异地，我都第一时间赶回去。如果女儿在家，我也在家，我则尽量回避围着孩子转，更不会贸然造访。一切都不是"理所应当"，每个人都有其责任。

而今，我与小外孙常像朋友一样聊天玩耍。对他的教育，我有建议，也有引导，却不会过多介入。那是女儿的家，在这个小家庭里，小孩子应当去听父母的声音，而不是事事以我为尊。对于子女的家庭，我乐于扶助和陪伴，但不会一味干预，这个小家庭终归是他们的。

界限是属于个体的"主权"。权责相当，每个人应当对自己的家、自己的言行负责，爱的界限需要揣摩。它本是一种限制，但予人自由与空间，纾解彼此的压力，因此可称是"美"的。

这何尝不是爱的另一面，却常被人视而不见——爱亦有行止。

建立共识

有句简单的古话，三岁看老，是说一个人的品行自小就有显露。

事实上，十二岁之后，父母的说教已经失效。孩子幼时，如果有意地引导他们的言行，在父母价值观浸润下，自然水到渠成。如果等到孩子长大，面临婚恋、事业等多重人生选择，父母才匆匆介入，大概是无计可施。

一个有智慧的母亲，一定懂得早早与孩子达成观念上的共识。

儿子只身在国外，每每与我打电话，总能说上整整两小时。聊起爱情观、财富观，我们完全同频，没有代沟，这在许多家庭很罕见。

有一次，儿子和我说想要谈恋爱。关于这一点，我与他早有共识。人的一生也许会遇到不止一段爱情，但婚姻到底是什么，将来会选一个什么样的伴侣，其中可能的风险、伤害、选择又有哪些……早在儿子十二岁以前，我们都曾分析讨论过。既然观点达成一致，那么就可以坦荡而谈。

许多孩子长大以后，在婚恋、择业时和父母有诸多分歧，首先是因为没有及早教育，灌输正确的观念；其次也可能是父母的见识格局与孩子有了差距。如果底层逻辑不同，价值观不同，选择便背道而驰。

事实上，父母最怕孩子的前路迷茫。而如果早早引导孩子建立起自信、价值观、安全感，习得选择的逻辑与方法，帮助他们成为有爱的人，拥有受人尊重乃至伟大的人格，那么未来就不必太过忧心。

许多共识，需要及早引导，潜移默化。

儿子十二岁的时候，我就送他去我们生命教育课堂。青春期会发生什么样的情况，又要怎样应对，我想，他应该提前学习。不过，我不想让儿子仅视之为"妈妈安排的课程"，如果这被预设为某种"说教"，我的心血岂非付之东流。因此，我着意让他去课堂上做义工、做助教，润物细无声。

我带五岁的孙子出去散步。一路上，孩子说他崇拜英雄，也想做英雄——原来，孩子已经显露出一定的价值观取向，我不动声色，立即加以引导。我给他讲了马斯克发明创造的故事，关于芯片、创新、生命；路遇一石一墙，我又引导他去想象，什么样的工具可以爬树越墙，人类未来会有什么样的飞行器……后来他说了一句话，让我很振奋:"奶奶,我要发明一种芯片让人1000年不生病,1000年不死!"我兴奋地抱起他,说:"你怎么这么有想象力,你是天才呀!"他说:"我想让爷爷奶奶永远在。"哇!这孩子,太叫我感动了!

首先要有自己的认知,然后去学习,与时俱进。教育不应当照本宣科,而是真正了解过去与未来,才能去引导孩子。

有了共识当然也不是一劳永逸。不断同步、不断学习,才能跨越"代沟"。

有父母说,与孩子碰到一起,总像"两只刺猬"。远则想念,近却刺痛,就这样"相爱相杀"。还有些父母对孩子照顾得无微不至,几乎全力以赴,儿女其实也很感激。但略一深聊,又是焦虑和躲避。故事讲出来,许多父母都大有感触,认为这是难以填补的代沟。

相互无法理解,是代沟的显象。而消灭代沟的方式只有一个,学习。如果不能和孩子一起学习成长,父母与孩子所见便不是同一片天空。视野不同、观念不同,交流起来徒增误解。

女儿常常带我和她爸爸一起去参加青年企业家的活动,和最前沿的一些创业者出国考察学习旅游,让我们有机会接触到不同领域里最前沿的人和信息，这让我们在发展新项目时很容易取得共识。

女儿会带我去上她的很多学习课程，而我的很多课程也会介绍女儿去上。我与女儿常常同上一堂课，同在一个组织里，一同出国参加分享和交流活动。许多人觉得纳闷，我却觉得平常。我与女儿共同学习进步，心有灵犀。

课间，也常有女儿的同学好奇来问我，阿姨我好羡慕你和刘畅啊，你们俩那么好，还可以坐在一个教室里同堂上课，我妈帮我带孩子，包揽了所有家务，我心里感激，但却总惹她生气。我反问她，你生气时怎么做的？"摔门，关门。一个人待着。""那你妈妈在干什么？"我问。她摇摇头，一无所知。"你妈妈可能在你门口掉眼泪，或者转来转去，担心你在屋里，会不会有什么事情想不通。"她说："有什么想不通的……""孩子往往不以为意。而妈妈却无限担心和自责，你一晚上不开门，她可能就担心一整个晚上。你不信，哪天就试试看，打开门看看妈妈是不是在门口抹眼泪。"我劝道。孩子闻言默默："的确没想过妈妈到底在想什么……"她感到有点震撼，说，"我这次回去要好好给妈妈道歉！"

女儿经常对朋友说，她妈妈对新事物有天生的敏锐

度，比她还"潮"。比如我去学习了解新消费领域，很多
创始人成了我的同学，女儿得知，还说要我联络认识。有
时候，女儿请客，席间有人提到新领域中的"80后""90
后"代表人物，女儿总是很自豪地说："那是我妈妈的朋
友。""那是我妈妈的同学。"

我和孩子之间有一个约定，要成为彼此的骄傲。为了
这个诺言，我愿意与年轻人并肩前进。一方面经验丰富，
另一方面，又不囿于经验，乐于探索新知，父母才能成为
孩子的同路人或领路人。

爱、成全与发现之美

我带过4个孩子，我女儿是"80后"，我儿子是"00
后"，我俩孙子是"15后"，几代人，我在这个过程中观
察每一个孩子，发现每个孩子都是独一无二的，我用一生
的时间总结出一个真理：父母最需要给孩子的，就是爱的
陪伴，就是用你的爱心去点燃他的爱心。

我们要教会孩子爱他人、爱世界、爱天地自然、爱家

庭、爱社会。无论爱什么，都能够得到爱的回报。

我举一个最简单的例子，比如说你有一块漂亮石头，你天天拿在手里玩。它一天天光亮起来、美丽起来，虽然它没有语言，却让你很高兴，这个世界很美好！你付出的所有的爱都会有回报。

教会了孩子爱的能力，那么这个孩子长大以后，走遍世界的每一个角落，他都会是一个幸福的孩子，有爱的孩子会成为一束光，在他照亮别人的时候，自己也得到了无限的回报，那你做母亲的得到了什么？得到了心无挂碍呀，我们培养孩子不就是为了有一天他走出去，自己不担心吗？在母子分离之前，母亲要给孩子足够的能量。这就是爱的能量！

所以我们一定首先有这个认知，一个有爱的妈妈，才能带动你的孩子，你才能是他的示范，你才能让他学会爱。

光是嘴巴上天天说爱没用。要想办法让孩子拥有爱的能力！一个有智慧的妈妈要不断设计场景，让孩子在爱中成长。让他自己真正体会到爱他人的快乐。把爱变成习惯，持之以恒。

女儿小的时候，我会着意给她创造一些机会，营造一个环境，让她去学会爱别人。

女儿从小就很优秀，我们住在学校大院里面，每逢周末，很多朋友就会说，家中想要做什么美食，想请女儿来吃饭，或者想到哪儿去玩，想带女儿同行。

朋友们想让我女儿去做一个榜样。对于这种邀约我常欣然接受，这对女儿产生成就感和自信颇有益处。

而且我还会积极配合，比如有朋友请她时，我会先做功课，了解对方家庭具体情况，然后告诉女儿，某某阿姨要请你明天跟她家孩子一起出去玩，因为你品学兼优，尤其热爱劳动，你去她家以后只须展示真实的自己就好，妈妈希望你能成为其他孩子的榜样。

这样，女儿具有了使命感和责任感，平时可能只做到80分，但是到别人家里她做到了120分，给同学讲功课，打扫卫生等等，回来以后，我又把阿姨对她的一大堆表扬都转告她，女儿再次受到鼓励，做得更好了。

后来女儿优秀的消息就传开了，"借"的人就多了，她自然对自己越来越有信心。付出总会得到相应回报，甚至更多。女儿小时候聪明又善良。周围的阿姨说刘畅过于善良，担心她会吃亏。我说你要相信一个有爱的人，一个善良的人长大后，只会占便宜不会吃亏的。

后来儿子长大我也照此复制。我觉得这个是给孩子建立自信心的最佳路径。从两三岁就可以，教育要趁早，这种浸润式教育，会让他养成一种习惯。付出爱，更是上升为他的价值观，形成了他人生的一种行动力，他将来就会具有领袖的特质了。

我记得儿子小时候，北京的远房亲戚邀请他暑假去度假，我问原因，他说，听说我儿子特别孝顺，而自己的儿子在重点学校学习虽拔尖，样样优秀，但在家里不晓得心疼父母，啥活也不干，想让儿子去做个榜样。

儿子去了以后，有一天他家爷爷带着两个孩子一起外出骑自行车。那时候儿子上小学四年级，回来时，爷爷很自然地就帮孙子把自行车扛上楼，边走边对儿子说，等下会再帮他拿。但是儿子马上说，不行，您年纪大了，不能让您帮我们做事。等爷爷再下楼时，儿子已经把自行车扛上去了。

还有一次，儿子看到亲戚家里矿泉水不多了，一声没吭，出门去扛了一箱回家。亲戚很惊讶，他们都没注意到水快没了。

后来两个孩子去一个老师家补课，当时那个老师家经济不宽裕，只有一台风扇，七八月的北京酷热难耐，儿子看到老师满头大汗，悄悄把风扇定位在老师后背，老师注意到这个小细节，就跟我说，教过这么多孩子，只有我关心孩子，从来没有哪个孩子反过来关心我，我好喜欢这个孩子。

我讲儿子的故事，只想告诉大家，让孩子学会给予爱是非常重要的，会让孩子得到更多的爱。

男孩子是拿来用的

我有句口头禅"儿子是拿来用的"，这一点，无论家庭条件好坏都适用。

我身边有很多条件好的家庭，父母觉得自己在外忙碌，很难有时间陪孩子，于是就在物质上充分满足孩子，家里都有阿姨，孩子衣来伸手饭来张口，舍不得让孩子劳动。

但是，孩子爱劳动是非常重要的，因为勤快的人走到哪里都受欢迎，只有把劳动当成习惯的人，才有眼力见儿。很多刚工作的年轻人，入职后不知道打扫办公室卫生，不知道给客人倒茶，缺乏基本的礼貌，其实就是因为缺乏劳动习惯。哪个公司又会欢迎懒人呢？

所以只有从小养成劳动习惯的孩子，他才有共情能力，他才有眼力见儿，才会走到哪里都受欢迎。而且，如果孩子从小没有养成劳动的习惯，当你老时，他有心想关心和孝顺你，却不知道怎么关心你。

儿子从两三岁开始就有个自己的背包，每次出门旅行时，他要自己背包。家里虽然有阿姨，但不能做孩子该做的事情，一定要孩子参与家务劳动。

再说我自己，当年看上先生，就是为他的勤快所打动。

记得结婚前，我跟他回新津老家。隔壁住着一个孤老太太，一见我，便拉着手夸我福气好："眼光太好了，这可是这条街最勤快的小伙子。"原来，先生从前在家时，常帮孤老们挑水。他一向为人勤谨，邻里称道。

后来，听婆婆讲，先生小的时候，父亲被关进了"牛棚"，家里很困难。每天，先生都要早起煮饭，柴火也得自己拾。每晚睡前，他总盼着刮风下雨——下了雨，街上就积满枯落的枝叶，拿铁钎穿起来，再收到背篓里，几天的烧饭柴火就有了着落。到了周末，他去河边游泳。上游有人放了木排，漂经流缓的河湾，粗木漂荡着，落下树皮木屑。他急忙把树皮捞集起来，又是一箩柴薪。

劳动对一个人的一生是多么的重要，如果先生没有从小养成劳动的习惯，创业时的苦他根本无法承受，谈何成功？

关系比成绩更重要

焦虑、"鸡娃"、攀比……在某个封闭的价值体系里，这些母亲忘却了自己曾经的社会角色、兴趣与抱负，一心投入亲子教育这一"母职"，寻求角色认同。妈妈与孩子共进退，更与孩子"同荣辱"，形成近乎逼仄的焦灼。

其一是无可排解的自驱，她们自己从前学业事业都出色，是学霸、是高才生、是海归，于是当退到家的小小园地，更期待孩子青出于蓝。其二是比较，别家的孩子读了哈佛，自己的孩子总要读个常春藤才说得过去。

事实上，每个妈妈都期望孩子快乐、健康，拥有健全的人格。然而，人格与品质说起来似乎虚浮，社会主流的评价标准却很明晰。于是，许多妈妈人云亦云，逼迫和指责孩子，却没有察觉这与初衷早已南辕北辙。

而教育的期望目标到底是自己的，还是孩子的？孩子本身想要的又是什么？许多妈妈并不深究，只一味催促。她们永远盯着孩子的缺点，挑剔且焦心。

记得有位妈妈和我讲过这样一件事，她说，在家里给孩子吃的都是最好的无公害蔬菜，一盘价格不菲，孩子并不领情，还摔了盘子。妈妈被激怒了，事事为孩子着想，家里的关系却剑拔弩张。我对她说，孩子打翻的不只是盘子。这像是一个隐喻——妈妈自认对孩子倾尽所有，却不是孩子想要的，关系日益敌对，"爱"也变成了"恨"。现在的孩子心理疾病不少，许多都是因为这样的"揠苗助长"。作为妈妈，"严格要求"到底是爱还是恨呢？妈妈们望子成龙，去学奥数、舞蹈、钢琴、提琴，稍有懈怠，就"恨铁不成钢"。但如果一个孩子并非热爱奥数或音乐，幼小的心灵里一定留下了伤悲，许多事情已经伤害了孩子，创造力的种子也可能就此泯灭。

事实上，用既有的知识、社会认知、标准化考核，来评断一个孩子，是刻舟求剑。知识与技巧总会过时，最终也不过培养成"优秀的复制品"。也许他本性是张扬的、活泼鲜明的，却在层层"标准"的审视下，变得压抑，包裹自己。哪怕奥数得高分、音乐比赛得金奖、特长引人钦羡，成为一个模板式的"优秀者"，他人格里那些闪闪发光的东西，若被遗忘甚至抛弃，这才令人扼腕。

当然，这个认知问题不只是妈妈们的。社会衡量准则在那里，家庭关于亲子教育的投入和期望很高，压力急转直下，转移到妈妈身上。妈妈日复一日与亲子教育"鏖战"，对自己的"施压"又会投射给孩子——这是一个怪圈。

教育的目标不是竞技。孩子更不是妈妈的一件"产品"。

如果只为家长的"面子"，孩子就沦为某种"工具"。说到底，如果妈妈心里没有足够的安全感，孩子也就更茫然。

一个生命来到世上，首先应当感受爱、体察爱和学会爱。

母亲的爱就是一面镜子，映出每一种熠熠生辉。尤其是在层累的社会压力面前，母亲更应当笃定，成为亲子教育中纾解压力的安全阀。

发现与成全：需要训练有素的陪伴者

美好的品质来自爱的滋养。无论是爸爸妈妈还是爷爷奶奶，作为陪伴者首先应当有发现的能力。

有了发现的慧眼，孩子才能显现出鲜明的个性乃至人格，成为自己，找到自己。事实上，这也是生命教育的内容。人生伊始，首先要建立诸多关系，与自己的、与灵魂的、与他人及世界的。

识己识世，生命才得以鲜活盎然。世间人事各殊，是个体与寰宇间的隐秘联结。而母亲的爱，正是要成全这独一无二的联结。

一个有智慧的妈妈，才能让孩子生活得更快乐，家庭更幸福。从妈妈开始培训，或者说，需要培训的也不只是母亲，而是包括长辈、保姆在内的一切陪伴者都应当去学习，让自己变成更优秀、更有智慧的教育者。

这也是我的"大爱"，也是我给自己的一份责任。将关于生命的教育散播开来，将那些关于爱的故事讲给更多的母亲。当母亲们知道，如何用爱心传递爱心，如何用生命陪伴生命，让孩子成为她或他自己，那么爱的力量和能量，便在更多的家庭里生根。

这诚然是一个宏大的工程，从跬步始，我决心竭尽全力。

信任是最大的力量

首先，成全是放手和包容，而不是压制。

如果一味压制，孩子就失去了他自己。无论母亲用掉多少努力，花去多少时间，如何在攀比中胜出，孩子却被剥夺了快乐、自由和真正的兴趣。他被父母的评价框架所束缚，不再是生机勃勃的生命，反而"贬值"。

儿子小的时候，学习并不出色，还考"倒数第一名"。遇到这样的情形，许多父母怕是要心急如焚，我却不曾责备他。一个鲜活的生命，应当保持自信，保有个性，懂得爱、给予爱。如果因为成绩常受责备，让孩子有了自卑感，实在得不偿失。

我心态如常，儿子的学习态度依然稀松。校长找我谈了又谈，班主任也频频给儿子补课，倒数第一的名次竟寻常了起来。一天放学，我叫住儿子，说给他补补课——我也有点焦心，这还是第一次。

两把小纸球，推来摆去，只为讲明白一道数学题。翻来覆去 30 分钟，他还是挠头，我也着了急。怨言似将脱口而出，我再难自持，又不想在孩子面前表露，索性推门转身出去。女儿见状，接过课本要替我："姐姐来讲，比妈妈讲得清楚。"谁知只 10 分钟，女儿也蹙眉出来："妈，我也不行，讲不明白。""那今天的补课就到这儿吧。"我苦笑，也为自己的不耐烦有点后悔。

第二天，儿子班上又有考试。这一次，全家为"补课"尽心竭力，既期待又紧张。下午，儿子放学回来，我瞥他的脸色，却还是兴高采烈。"考得怎么样？"我问。"挺好，应该能当倒数第二名了。"他眉飞色舞。

我一愣，也乐了："儿子太棒了。"我一把抱起他。我是发自内心地高兴，当然，不是因为成绩和分数。为他的名次，校长、老师总是唠叨，在学校想必压力不小。孩子却并不焦虑，整日里神采飞扬。事实上，许多孩子到了十几岁，也毫无抗压能力，还需要灌输和历练。儿子的"逆商"天生如此，这也是命运给予的珍贵的礼物，我喜出望外。

那天晚上，我又与儿子促膝谈心。前晚"补课"不大愉快，我也想借机向他袒露母亲的心迹。

"妈妈有了你，从此好幸福、好快乐。"我开了口，"知道你的名字天添怎么来的吗？"儿子摇头。"老天给我添了一个宝贝，给我添了一个'小情人'，让所有的叔叔阿姨都羡慕，"我说，"我们两个在一起的时候都很高兴，只有一种情况除外。"儿子心领神会："我知道，是我做作业的时候……"

我笑了，母子果然连心。"那我们两个拉钩。为了保持咱们的关系，从今以后，妈妈不看你的作业。你尽最大努力去做，做好了原封不动拿去交，错的地方让老师来讲。"我接着说下去，"你尽自己最大的努力就可以了，至于多少分，妈妈不作特别要求。"儿子狠狠点头："我一定尽力。"

女儿的成长中，也曾有这样的故事，关于信任与包容。

女儿成绩好，且热爱文艺，歌喉尤为出色。高考时，女儿告诉我们，她想考电影学院。我与先生一时愕然，虽然从小培养她学艺术，但只想让她当作修养和爱好。

女儿言明了演员梦，我心里辗转纠葛。作为父母，首先当然不应当去反对孩子的热情。但这条路是不是真正适合她，长远来看有怎样的未来？且如果现下反对，孩子说不定出于逆反更加坚定。

我不能反对女儿的梦想，于是陪她苦练，陪她备考争取。但对于这条路，不可知的因素太多，父母在此刻托举或压制，都不对。我深觉不安，只能沉默。我想，如果真的考中，那是女儿禀赋出众，天意使然，我便成全。考点设在重庆，从成都出发要坐几个小时的汽车，我也陪她一同去。两天的考试，女儿忙着练习应考，我悉心照料，一切配合。

我始终信任女儿。信任不是有求必应，而是爱的力量。

从小到大，她几次想要创业，我从未多加质疑，我一直非常相信她从小到大的能力。回想起来女儿第一次创业是在成都市的闹市区春熙路上开一家小饰品店，当她兴致勃勃来找我时，我一听她讲的商业逻辑，心中窃喜。这孩子能看到我们没看到的新型商机，她说："妈妈明天你可以去看看，我铺面都看好了！"只要 8 万块钱就可以开业，我立即支持，说："妈妈支持你。"她有主见，又舍得吃苦，没雇人，都是自己去外地进货，肩担背扛地往回拿货，拿货的眼光又好，小店生意红火。小本生意得经常补新货，辛苦并快乐着。

多年以后，她才无意中说出，有一次去义乌补货，生病去一个镇上小医院输液时过敏急救，这事她居然从未告诉过我们，这个小店只用了三个月就回本，第四个月就开始赚钱。

她商业敏感度很好。没过多久，她说现在最旺的行业是酒吧，回本更快，我那时还不知道什么是酒吧，这是一个新产业，但我心中却没底，想到喝酒的地方鱼龙混杂，担心安全，就不想同意！她说："妈妈，只要 12 万，人家只肯分 10% 的额度给我。"我见她恳切又坚决，就说："那我们达成个协议。你只做投资人，不参与经营，不去店里抛头露面。"她说："可以。"这次投资，又是四个月回本，过后每个月还有分红。我不得不佩服！这小丫头真是天生有商业头脑！

这两个投资成功后，我建议她去朋友的公司锻炼。那时，脱不花的妈妈开了一个广告公司，两个妈妈见面就聊怎么培养孩子这点事，就用这初创公司来给孩子练手，从礼仪到销售再到拉广告啥活都干。有一天晚上十点多我打电话过去，她说正在火车上呢。我说为什么坐这么晚的车，女儿说："要为公司节约每一分钱，晚班便宜。"我担心。嘴上却夸她真会为别人着想！

她从小到大之所以朋友很多，就是因为她对别人大方，处处为他人着想的善良！做小企业，学到了艰苦创业的精神，再到大企业成本意识就有了。

许多母亲觉得爱是为了拥有，但成长就是一场分离的爱。渐行渐远的路上，给予无尽的爱和信任，才是最困难的事情。后来有一次，女儿在一场分享会中说："妈妈一直在成全我，她一直都在。"座中人无不动容，感触爱的成全与信任。

教育者作为陪伴者，应当去激发孩子独一无二的潜能。而压制就是一种伤害，每个孩子都有属于他们自己的小小焰火。

发现的慧眼

成全要去发现，这是属于妈妈的慧眼。孩子有什么爱好，有哪些特点，需要怎样去鼓励和沟通……每个生命都有其基因特质，许多东西无从改易。就像是一盘果蔬，黄瓜清香、番茄酸甜，如果硬要从黄瓜中挖掘出甘甜，必是徒劳无功、自讨苦吃。

许多大人常常将教育误解为"管教"。把自己当作"教育者"去管教，就无法俯下身去发现。天分的萌芽也许很幽微，正需要一个成熟的陪伴者去发现。去发现，然后给予力量和营养，点燃孩子心底的火焰。

就像在我们家，女儿的两个孩子各有个性。孙子喜欢讲故事，爱幻想。家族聚会上，他讲马斯克、讲奥特曼，讲起来眉飞色舞。"这么喜欢科学，将来一定能做个发明家，你是未来的马斯克。"我总是这样对他说。孩子需要一个目标，一个激励和榜样，这会成为他的某种"英雄情结"，成为潜移默化的使命感。而一切的起点，正是发现的眼睛。

发现，然后去鼓励。妈妈的鼓励一定要是坚定的，这会成为孩子的某种"潜意识"而使其受益终生。

鼓励是一种通用的情绪"语言"。许多父母也许料想不到，很小的孩子已经能够理解鼓励。你发现孩子的某个优势，或者好的习惯，于是表扬了几次。孩子很高兴，无须叮嘱，下一次主动去表现。"我做到了。"他一定会仰着脸期待你的赞许。

我的孙女就是这样，自驱力很强，她会主动学习，完成一个任务。你只须在最后给她一个赞美的眼色，表示你已看到她很棒！

一句话，一个行动，一点点激发，一些正反馈，孩子的特质被反复点燃。

而沟通也是必要的。要经常与孩子谈话，交流本身也产生价值。不需要用儿语，那样有点幼稚。现在的信息时代：事实上五岁的孩子就完全能够理解成人了！每每谈话，我都要把孩子们当作大人。

发现孩子的优势，一再表扬，然后看他蓄力成长。就像看一株小树，不断生长繁茂，似乎很简单，但无比快乐。

孩子们一向对我的抖音视频很感兴趣，经常要求看奶奶手机里的抖音视频，对他们而言熟悉的内容要看上几遍。

有一阵子，孙女闹着不肯独自一个人睡。我就特地做了一条小视频放给她看，小姑娘的房间应该是这样的，粉色公主房，还有晶莹剔透的窗帘，我和孩子们挤在一起看。看到开心处，我伺机问孙女："你试试?""我害怕！"她还不肯。

"你看，视频里的小姑娘房间都挂了什么，我们现在就去淘宝买珠子，奶奶和你一起穿窗帘。"孩子终于对自己的独立空间有了渴望。

终其所有，爱是原点。母亲给孩子以爱，有了爱才懂得欣赏，才懂得包容，才能发现与众不同的闪光点。然后不断鼓励和发掘，这初萌的光点，才能真正成为孩子生命里的花火。

觉知孩子的天性

成全也是觉知，以母亲清澈的心，保护孩子的本心与天性。

天性中的特质需要珍视，这是对生命的尊重。老庄说"复归婴儿"，意思是说明澈的内心受到社会的污染，会变得灰沉，修心则是要让内心重新明洁。而妈妈应当保护孩子的天性，少被尘染。

妈妈的觉知是一种直觉。儿子小时候，一度作文很犯难。一次，老师布置了作业，五十字的小文章。提笔畏难，儿子终于写出第一行，逐字数过去，一、二、三、四、五……只十个字。辗转半晌，再数再凑，终于写完，没头没尾。凑上标点符号再数，还是差五个字。"今天晚上和妈妈一起睡吧。"我看得焦心，有了个主意。

　　睡前，我和儿子聊天，他心情轻松愉快，很快入睡。看着酣然入睡的儿子可爱的小脸。我提笔写下了他昨天写作文时犯难的模样，滑稽又好笑。第二天早上起来，我大声念给他听，他哈哈大笑，说妈妈你真会写，我说其实写作文并不难，留心观察和多看范文，连续一周，我每天带他去散步，有意识地把路边所见所闻带入话题稍加点描述。回来后我和他一起写下当天的日记，只要求小短文，他就没压力，很快就把当天的日记写完了。我再把我的念给他听，他自己就会受到启发，连续几天坚持下来，他就觉得写作文居然没有那么难了，渐渐觉得还有点儿意思，脑袋开了窍就不再畏难了。

　　孩子遇到困难，如果母亲只是指责抱怨，两个人不免生气，情绪激动。如果母亲以焦虑和紧张对抗，此路不通，一鼓作气其实无效。母亲的觉知，是随时随地调整技巧，放下焦灼感，因势利导，因材施教。

　　我的觉知力一向很强，像是一种天赋。上天赋予万事万物以讯息，但如果心意杂钝，或者被外物束缚，便可能忽略来自生命的声音。如果母亲都无法与生命连接，又怎样用富有爱的心灵去引导孩子？许多年里，我一直保有属于自己的单纯状态，准确、纯粹，就像朋友所说的，我有着"永远的少女心"。

母亲心思明澈，去观察、觉知、调转，"发现之美"方有可能得以最终完成。

生命教育、教育的现代性

母亲懂得发现和成全，孩子就会是自信的。

儿子一向阳光自信，情商很高。他爱劳动，乐于为他人着想，长辈们都说他人见人爱。这是本性使然，也有我悉心守护的缘故。

事实上，尽管我很少看有关教育理论的书，但以一个母亲的经验、直觉和价值观，总能避开当下教育中的许多"陷阱"——这也是母亲的智慧。

自信的魅力

儿子与我聊起他小时候，说："那时候虽然常常考试倒数第一名。但是，妈妈，我告诉你：那是我人生最幸福的阶段。"他神色认真。我点头微笑。

那时候，儿子学习不出色，在家里，我足够宽容："知识总是会过时的，而且学习能力这件事，每个人的阶段性状态都不一样。"

但在学校，成绩不好自然有压力，我还是担心他为此自惭。

我去学校找校长和老师："分数不好有孩子的自身原因，与学校无关。但如果他因此变得不自信，丧失尊严和兴趣，恐怕就是学校的责任！也是教育的失职。"校长也赞同："发现孩子的优势，培养孩子的自信心。"我和老师坐下来仔细分析。儿子有哪些特点？又有哪些方面天赋过人？我想让他在同学中建立属于自己的威望和自信。

有老师提议，儿子唱歌很棒，但成绩上胶着，从前并没有建议他参加学校合唱队。"那么，要是现在进校队呢？训练要多长时间？"我追问。"如果是训练唱几首熟歌，只要一个星期。"老师这样说，又补充道，"我们最近正好有一个机会，受邀去维也纳参加少年合唱比赛。只不过费用不菲，现在还不知道有几个家长同意随团，能不能成行还不一定……"

我闻言颔首："那这样，这几天请老师帮忙把他的唱歌技巧训练起来，我愿意带队去维也纳，帮着照顾孩子们。"既有大人愿意随行，家长们也更放心，不几日，果然成行。十几个孩子，就我一个家长再加上老师，一队人浩浩荡荡出国演出，还拿回了名次。

比赛回来，学校表扬荐誉，合唱队的孩子们在学校里众星捧月，儿子也更自信。一次活动就给了孩子许多信心，我深觉如愿，行有所值。

儿子到了五年级，眼看面临小升初的考试竞争，学习压力更大。他也不算懈怠，但背了又背，分数还是照旧。见他辛苦，我也很着急。我给在美国的朋友打电话，想看看有没有什么解决办法。朋友说，美国的小升初没有升学考试，压力也不大。我当机立断，六年级去美国读。

小学的最后一年，儿子去了美国读书，我也跟去陪读。一年中，儿子不再面临升学竞争的压力，却在一个陌生语言环境中锻炼了生存能力。他的英文口语变得出色。虽说读写还要加强，至少已经学到了一半。

假期回国，我先安排他去了上海的一个朋友家。他家有个大哥哥去年刚考上哈佛，给孩子找到优秀的榜样很重要，几天工夫，他看到大哥哥每天看很多书，背几十个单词，懂很多知识，出去与同学聚会时侃侃而谈，留学的趣事引得同学哈哈大笑，他很受触动，想到妈妈才叫他每天背三个单词，顿时找到差距。

几天后，回到成都，我就给他原来学校的老师打了个电话："儿子回来了，想要去学校看看老师和同学们。"老师也很高兴，一口答应，说明天下午正好是班会，请他来跟同学们分享一下出国读书的感受。

儿子自小并不善表达，我心知肚明。从前，因为他爱劳动，我鼓励他去自荐当劳动委员。班委竞选要演讲，讲台上，儿子一时羞怯，竟掉了眼泪，引得班里的孩子们一度窃窃相传。

因此，我也有点忐忑，不知道这一次的分享能否圆满。开班会的下午，儿子去了班里，我站在教室外，廊间窗户很高，我踮起脚尖，也只能看到窄窄一隅。走廊空静，翘望太累，我索性落下脚跟，静观其变。教室里忽有响动，我侧耳，是掌声，一阵接着一阵，熙熙欢腾。整整十分钟，我独自站在走廊里，听掌声雷动。内心欣慰，儿子终于克服了恐惧，谈笑风生，这是自信的魅力，我如释重负。如果本心自信，便不会盲目追逐。初三后，儿子的成绩一跃而起。他变得刻苦，对学习兴味盎然。到了高三，更是争分夺秒。见他日夜苦读，我有点不忍。一天，我叫他出来："妈妈带你去买衣服。"从前每每带他逛街，儿子总是很高兴。这一次，他却有点为难："妈妈，快要高考了，怎么还带我买衣服……""那今天就算是陪着妈妈。"我想借机和他谈心。儿子想了想，点头答应，不过我看得出，其实有点勉强。

路上，我开了口："爸爸和姐姐公司有很多留美回来的同事，也有人介绍哈佛的校长、教授给我们认识。但妈妈觉得，你不适合考哈佛。"那时候，先生很期待儿子能去哈佛大学读书，联络和引荐者便如云来，我有点担心，又不想拂了全家的冀望，于是想私下里给儿子"浇点冷水"。名校毕业要求极其严格，处处有竞争压力，万一学业犯难，引发焦虑，那就实在得不偿失。

我说："儿子，妈妈只想你顺其自然去备考，去读一个大学，健康快乐地度过大学时期。不管是不是名校，妈妈都很满意。"他说："妈妈也太小看你儿子了，我肯定能考上名牌学校。"儿子有点不服。见我担忧，他又添了一句："不过，我也没想过一定要考哈佛，妈妈你放心。""那么，你心里有没有一个合适目标？"我追问道。儿子于是坦言，心底已有一所理想大学："大概有 80% 的把握吧。"我笑了："如果努力一些就能达成，就是合适的目标，没必要急功近利。"

194

大学时期，只要能锻炼心智，养成学习习惯，建立属于年轻人的社交圈，我想这就足够。哈佛的头衔自然诱人，但如果目标不适合自己，只因好高骛远，最终结郁自缚，就成了一个美丽的"陷阱"。

守护孩子的自信心

在成绩单上，孩子们被描绘为一组数字。但对于家庭而言，每一个孩子都不该被量化，他们独一无二，且应当因自己的独特而自信。

俗话说"取长补短"。在教育中，长处要发扬光大，而短板其实是相对的，无须刻意反复指斥。成长须用自己的长处弥补缺陷，社会运转也因人们的盈缺互补，而变得缤纷多元。

生命教育中最重要的是要关注孩子的生命本身，注重个体，挖掘生命中初萌的潜力，最终扶持他们成为葳蕤的大树。这些孩子可能是姣妍的桃树，也许是挺秀的梨树，而无论特质如何，总要让他们蓬勃盎然。这是一个很大的考题，对家长如是，之于社会亦然。

我到上海中欧学院上课，课程结束时，我邀请老师和同学们到我们上海爱心树的课堂里，一同听了一堂生命教育的课，大家赞叹不已，齐说受益匪浅！

课堂的内容是教孩子在内心建立正确的自我评价体系，它有一个名字——"你是独一无二的"。

每个孩子都有独一无二之处，所以每个人都要懂得如何认识自己，尊重自己并欣赏自己的特别。老师给孩子举了个例子，比如一张百元钞票，掉在地上被踩踏了。你捡起来，它也仍与崭新的百元纸币价值相当——钞票的价值，就如每个人的特质，而"踩踏"象征着别人的评价，价值不因此折损。

课堂上老师让孩子们举手回答，如果是百分制，对自己的评价有几分？孩子们左顾右盼——十分？二十分？许多孩子给自己打了低分，在孩子的认知课堂，大人们也感慨万分。后排坐着的家长中，有人流了泪。她说，自己从未注意到，也没有想到，孩子的自我评价居然如此卑弱。接着是亲子互动。老师告诉大家：爸爸妈妈首先要告诉孩子，他们是独一无二的，是爸爸妈妈最爱的宝贝。并详细列出他在爸爸妈妈眼中的所有优点，这样才能帮助他们建立积极的自我评价体系。

爱与自信在成长中势均力敌，缺一不可。

如果孩子出生时，天性里的自信有十分，那么在打压教育中，逐渐会磨损成两分，而保护孩子的自信，守护孩子个人价值，也是保护社会与国家的资源与财富，才是教育的社会意义，现代性因此得以完成。

人人各殊、本性自足、各美其美，这应该是现代教育的底层逻辑与灵魂。

劳动教育：劳动是爱的基石

劳动创造人，一个有价值的、健全的人。劳动也创造一切，自日常始，自触手可及之处始，一室不治，何以为家国。

先生是个勤劳的人。他是全国劳模，名副其实，后来他能白手起家，成为著名的企业家，与这一点仍可互文。

劳动是我们的家风。

我和先生都勤快，女儿和儿子也一样。女儿平日忙于工作，到了周末也总会亲自带孩子、下厨房为全家做上几个拿手菜。家里来了客人，我和先生也总能挽起袖子炒几个拿手菜。自小锻炼，劳动成了一种"潜意识"。朋友都说，我们家的烟火气儿特别浓。

我们从前调侃说，女儿和儿子无论与谁家结亲，都会是最好的儿媳、最好的女婿。我曾与儿子谈起"门当户对"。当下的"门当户对"说的是人格与观念，对家庭、对事业、对未来的看法、价值观及家风——我与儿子不谋而合。

而我的孩子们爱劳动，乐于为他人着想，有爱心，有了这样的品格，走遍天下，父母都不会过分忧心。他们勤快热心，于挫折、于人际、于社会，都有足够的认知，因此更不会是被包裹和保护的"温室花朵"。

爱劳动是最好的家风

当下的家庭及社会中，劳动教育是缺失的一课。

劳动教育要趁早。两三岁让孩子劳动，把它看作一种游戏，潜移默化中就变成了习惯。如果三十岁才开始要求劳动，他必然拖沓抗拒，只当作苦累。

许多家庭培养孩子只看分数，导致有些学业卓越的孩子，却不懂得劳动，家庭教育缺了劳动，实在令人抱憾。俗话说，要有"眼力见儿"。有来客，要懂得倒水待客，到了办公室，及时扫地擦桌。勤快是爱与尊重的第一课，没有人会喜欢"懒人"。

我常常分享这么一个观点，儿子是拿来用的，越用越好用！劳动习惯一旦从小养成终身受用。

劳动教育需要引导，否则往往有心无力。

孩子小的时候。我常常给他们讲爸爸从小每天早早起床去捡树叶、拾煤渣、挑水烧饭的故事，我也举自己小时候的例子，冬天，爷爷奶奶怕我冷，就要早早起来生炉子——北国苦寒，炉火暖起来，才叫我起床。我看在眼里。每晚入睡前，我都这样默念，明天早上我一定最早起来，帮他们煮饭。整晚悬心，须臾转醒，我坚持自己的事自己干，从小养成劳动习惯，长大才能收获甜。

我着意为孩子们创造时机，让他们真正体会到劳动带来的快乐。

从两三岁开始就要求自己的事，自己做。大人可以帮忙但不是包办，出门旅行时也给孩子准备个小行李箱让他自己照顾，大人就忙着给照相，然后放给他们看。边看边表扬，那时，小小心里就能接受到劳动的快乐。

在我们住的大院里左邻右舍谁家有什么活我都叫他们去帮忙。帮忙后叔叔阿姨们的表扬声，也建立了他们对劳动的热爱。越表扬越积极，越表扬越快乐！快乐中养成了劳动习惯。

我还做了一件事。他们上小学时，大家都争先当学习委员，我都有意主动向老师推荐让他们当劳动委员。

劳动是培养孩子高情商的捷径与钥匙。事实上，劳动教育与"解锁情商"十分贴近。眼里有活、乐于交流，是高情商的第一步。别人赞许，自己得到成就感，这是双向的正反馈。孩子容易被人接纳，今后更添动力。

儿子是拿来用的——许多年前，我就分享过这样一个观点。引导孩子常劳动、爱劳动，无论之于朋友、父母、社会，人总是越"用"越有价值，同时收获快乐和幸福。

一个人爱劳动，首先行事利落，总能好好照顾自己；其次，若是缺少劳动教育，家务一概跟跄，纵使学业优秀，做母亲的也总要担忧。

爱劳动的人总是受欢迎的，投之木瓜，人亦报以琼琚。

在劳动中学会付出

从小学会付出让他们在付出中感受快乐！

比如，女儿和儿子都是"买单大王"。

女儿自不必说，她天性慷慨，小时候就乐于分享。从学生时代到今天，无论座中寒达，每逢聚会，她总是率先抢着买单的一个。

儿子幼时，与姐姐的大方个性不尽相同。成大业者，岂能小气。于是我特地留意，给他创造买单的"机会"。

朋友聚会，我提前叮嘱儿子："下午妈妈请客，预算的钱就放在你这里，找个没人注意的时候，你争取第一个去买单。"我递了300块给儿子。他那时还很小，甚少独自支配这样一笔"巨款"，却很从容。聚会上，入座点过菜，儿子便凑过来问我："妈妈，还有什么没点的吗？""差不多了。"我俩相视点头。儿子会意，悄悄溜出门。等到聚会将散，大人们抢着去结账，才发现单已经买好。叔叔阿姨们先是惊诧，接着是夸奖，说儿子机灵又大方。

此后每逢聚会，我与儿子都配合默契。不及人散，他就早早守在柜台，只等买单。我的朋友们都交口称赞，说儿子人虽小，行事却大方。被夸多了，大方就变成了习惯。

有一次，我们全家去非洲旅行，同行的还有另几个家庭。旅途将始，我悄悄对儿子说："跟你说一个秘密，这趟旅行，你每天都可以做一件事。"儿子彼时只有八九岁，他好奇又期待："是什么事？""你看，我们一行人有老有小，有人下车不便，你每天去扶大家下车好不好？"儿子饶有兴味，果然每天抢着第一个跳下车，搀扶同行的老幼。

旅途数日，大家对儿子赞不绝口。

旅程行至一个海滩，我与同行的朋友想去打球，暂托旅伴中的一对夫妇照看儿子。我打球回来，只见那对夫妇竟背着儿子，正涉过沙滩。我大惊，仔细一问，那对夫妇笑说，很喜欢这孩子，海滩粗粝，是怕孩子扎了脚。"那也不必背着他，太烦劳了……"我仍歉疚。对方摆摆手，又称赞道："这么大年纪了，却很少见到这样的孩子。每天都见他在车门处接大家，有孝心、有礼貌，真是一个有爱心的好孩子。"我也笑了，儿子懂得付出，这一点就足以在同龄人中脱颖而出。

事实上，爱劳动、懂得爱、给予爱，是一种超群品质。我也深信，这将是一颗"成为领袖的种子"，以爱发端，锻造情商，未来葳蕤可盼。

付出的智慧："关系"胜于成绩

付出到底意味着什么？它是给予，甚至折损吗？其实不然，付出是爱的环流。事实上，付出所得到的幸福感，比索取更浓。而一个不懂得付出、漠然利己的人，是不会受欢迎的。

儿子小时候，一次春游，我给他准备了许多吃的，塞满一大包，嘱咐他和同学们分享。等他晚上回来，我打开包，包是半满的。我脸色一沉："带去的东西怎么还有剩？妈妈不是告诉过你，拿多一些是为了和同学分享吗？"儿子有点委屈："同学们都拿了，还没拿完……"我哭笑不得，悦色道："是不是每个同学只拿了一个？如果给每人分一大把，肯定就不会剩。下一次遇到这样的情形，一定不许再私留，争取全都分完，妈妈另有奖励。"

懂得付出，不藏私、不贪心、不取巧，这是我对孩子的期待。

那天春游，阿姨也随了儿子同去。后来我听说，阿姨记得他爱吃卤排骨，着意给他添了许多次。得知这件事，我不悦，和阿姨认真地谈了话："以后不许这样，孩子越是喜欢吃这盘菜，在公众场合越是应该克制谦让，多和别人分享。"自私独占是错误的示范，不可纵容。

付出是一种格局，它须是真挚的。家里常有些小礼物，是朋友们从国外带给儿子的，有些价格不菲。阿姨陪伴孩子很辛苦，我就拿些送给她。阿姨总是不好意思，先拿着，一会儿又再还给孩子吃，我却执意送她，有时要阿姨当着儿子拆开尝尝。既然送人礼物，就不可以反悔，更不能悄悄收回。

付出要真诚，不容虚伪，不容投机和保留。这是舍得的精神，坦荡真诚。

而付出的本质——事实上也是情商教育的本质——不是玲珑练达，是尊重、共情、担当，以及爱的智慧。

付出是予人尊重、与人共情。女儿初三的时候，遇过这样一件事。那时，女儿和同学正忙着升学考试的复习，人人紧张忙碌。其实，我和先生已决定送她出国读高中，但对女儿还含糊其词。她学习成绩本就出色，初三复习紧凑，我们想让她进一步打牢知识基础，对未来更有助益。

学校的走廊里发生了件小插曲。楼梯的转弯处，有位女老师匆匆下楼。地滑步促，高跟鞋忽而侧旋，她一时失措，滑坐在台阶下。正是课间，学生们哄然大笑。哄闹中，只有女儿箭步上前，拉起局促的老师，悄声问她是否无碍。不几日，这位女老师主动找我，说想要给女儿刘畅辅导。这位老师是这所实验学校的金牌数学教师，平日里一课难求，如今主动开口，我更深为女儿骄傲。

事实上，付出是一种品格。

孩子美好品格的建立，良好家风的传承，都不是一蹴而就的。而是母亲在爱和欣赏中不断地成全和引领。

忽而一年一日，晨光下澈时，我睁开眼睛，念中只余四个字——心无挂碍。从那一天起，我成为更自在的我，祥和、自由、游刃有余。

我不曾改变。

单纯、真诚、善良，那些澄澈的秉性，从未离开过我。"十周年校庆你是这样，二十周年还是这样，从没变过。"有老同学这样笑我，笑我数年如初、固执的真挚。真诚不易，阅历浩荡、名利熙攘间，许多人早将其抛之脑后。不过，自小到大，我都是坦荡真诚的，始终不渝。

我也曾攀陟，进益着、顾盼着、成长着。

从前在课上讲女性成长，我说，女人的生活就像蟹行，左边看孩子，右边慰老人，前方又要顾事业，许多掣肘纠葛，简直要生出三头六臂。还有情与家、爱与责任、辛酸与解脱，磨难一如剥茧，层层剥去脆弱和眼泪。

终有一天，她会变得从容，攀出窄茧，见天地宽。我曾说，六十岁到八十岁才是最好的年纪，这自由是踏实的、平和的。往事淡然洞彻，来日豁达逍遥。

至于这样一本书，这样一些故事，我曾很犹豫。

许多年里，我的专栏写遍别人的故事；面世的采访里，仅有我的一隅言笑；至于那些关于先生的传略，我着意隐匿，索性闪避。关于自己，笔端悬了许久，我总觉得未及其时。时代汹涌，事端万变，我担心断言太早、沉淀还薄，经验若不够成熟，回顾也不必操之过急。

流光数载，世事荣枯。时与业、爱与家、儿女熙熙，天命昭昭……许多年里诸事纵横，总须我牵念。

时至今日，我想自己已经有信心和能力，也有充裕的勇气，与大家分享我的故事。坐望云起，波澜已入旧年。

这本书，写给风云世事，写给簌簌人生。

致
谢

———

　　经过两年的悉心打磨，这本书终于要面世了，希望它能成为大家喜爱的作品。

　　在写作的过程中，我经常会想起故乡那条绵长的河流，看见河流边上爷爷、奶奶和姑姑的笑脸。他们带给我的幸福童年，就像宣纸上刚写下的字，墨慢慢晕开，再晕开，染尽我多彩的一生。我很感谢他们奠定了我生命的美好底色！

　　两年的时间不短，有太多的人为此书注入能量、为它护航。

　　我非常感谢皮钧社长，他一次次地点拨，让我醍醐灌顶，感动于他亲笔写下如此真挚、厚重的推荐文！

　　我深深地感谢我的团队、我的企业、我的合作伙伴，以及我的老师和众多闺密。他们听到我要出书的消息，纷纷写来鼓励和祝贺，这些信没能收入书里是我深深的遗憾，但这些文字将是伴随我一生的宝贵财富。

我尤其要感谢我的先生，那绝不止是深夜里为我留的一盏灯，也不只是一起散步在夕阳里的美；我要感谢我的女儿，你勇敢地扛起了家庭和企业"希望"的旗帜，你跟我约定一起成长并成为最好的朋友，你是妈妈的骄傲；我要感谢我的女婿，有倾听我的作品后愉快的畅谈，也有一起探讨后的共同进步；我要感谢我的儿子，默默地支持我，有时候是你递来的一杯水，有时候是你那坚定的鼓励和期待的眼神。人生路上因为有了家人的支持和陪伴，才成全了今天的我！

最后我还要感谢本书的两位编辑吕娜和韩冬伊，是你们一次次的催稿，一声声的"最后限期"，让我下定决心在厦门隔离的特殊时期，夜以继日地完成终稿。

我用善义和温暖写出这些文字，把我大半生的经历和经验，以一个个实实在在的故事呈现在大家面前，从童年，到青年，到成为妻子、母亲、女企业家、慈善家，这是我的人生之路。或许每一个读者都能从中找到自己的影子，从而得到一些启发和借鉴，我觉得这本书就实现了它的价值。

生活总是慷慨地教我许多，以至于我也想跟你们分享现在的我。

现在的我关注的并不止于女主人的小家，更将心思转向了社会这个大家。多年来，我奔波在各个类型的分享会上，不仅分享婚姻、家庭、事业，更呼吁和倡导源自大爱的"陪伴者学习"，号召更多的妈妈和我一起加入分享和传播爱的美好事业中！我曾发愿：让天下的妈妈们更智慧！让天下的孩子们更快乐！让每个家庭更幸福！

这是我写这本书最真实的心愿！

李巍

2023 年 5 月 8 日

作者简介

李巍
- 新希望集团联合创始人
- 新希望实业投资有限公司董事长
- 中国下一代教育基金会李巍教育专项基金主席
- 上海爱心树生命教育公益组织创会会长

　　她是一个自带光芒的女人，在人生道路上，收获了丰厚的人生。自我闪耀的同时照亮他人，给与家人全身心的爱与付出，给与社会鲜花般的芬芳，给与自己广阔的舞台。既保有中国传统的人格魅力，又拥有与时俱进的鲜活热情，让我们看见一个女人在生命舞台上的无限可能。

内容简介

　　在这本书中你会看到一位集传统与现代的"另类女性"。对丈夫来说，她全然付出，不计得失，是位贤妻；于社会而言，她凭借勤奋和勇气，创造了一段段创业佳话，堪为女性励志榜样；对孩子而言，她倾情陪伴和支持，是充满智慧而又温柔的慈母。她说"女人要成为一束光，不要只沾光，要成为光去照亮他人"。全书通过一个个充满画面感的故事，让我们看见一位善良、利他、终身学习、有担当的现代优秀女性。